Das Bayerische Kirchensteuergesetz

vom 20. Mai 1935

mit Vollzugsbekanntmachung, den einschlägigen Gesetzen und Verordnungen

Von

Dr. Oskar Pachmayr

Regierungsrat am Landesfinanzamt München

1935

München, Berlin, Leipzig

J. Schweitzer Verlag (Arthur Sellier)

Druck von Dr. F. P. Datterer & Cie., Freising-München.

Vorwort.

Die vorliegende Textausgabe des Kirchensteuergesetzes enthält das Gesetz, die Vollzugsbekanntmachung und sämtliche im Gesetz für anwendbar erklärten Bestimmungen anderer Gesetze und Verordnungen. Das Kirchensteuergesetz 1934 wurde seiner grundsätzlichen Bedeutung wegen beigefügt. Dieses Gesetz, der Anfang einer neuen Entwicklung, fand auch in anderen deutschen Ländern lebhafte Beachtung. Eine Kommission norddeutscher Kirchenvertreter unter Führung von Ministerialrat Grünbaum hat sich den Vollzug des Gesetzes im Herbst 1934 bei Finanzämtern und Kirchenbehörden angesehen.

Vom religionsgesellschaftlichen Steuergesetz wurden nur die im Kirchensteuergesetz für anwendbar erklärten Bestimmungen abgedruckt. Eine Wiedergabe des ganzen Gesetzes ist entbehrlich, da es zur Zeit nicht angewandt zu werden braucht.

Die Einführung gibt in zusammenfassender Darstellung das Wesentliche des Gesetzes wieder; sie will dem, der den schwierigen Gegenstand nicht näher kennt, einen für die Gesetzesanwendung notwendigen Überblick geben.

Inhaltsverzeichnis.

Einführung in das Kirchensteuergesetz.

I. Die Entwicklung des bayerischen Kirchensteuerrechts.
II. Das geltende bayerische Kirchensteuerrecht. Überblick.
III. Die Neuerungen des Kirchensteuergesetzes.
IV. Bemessungsgrundlage.
V. Steuergläubiger.
VI. Vorauszahlungen.
VII. Die Kirchenlohnsteuer.
VIII. Erhebungszeitraum.
IX. Verwaltung der Umlagen.
X. Rechtsmittel.
XI. Erlaß und Niederschlagung.
XII. Das Kirchgeld.
XIII. Reichsabgabenordnung, Steueranpassungsgesetz, Steuersäumnisgesetz.

I.

Die Entwicklung des bayerischen Kirchensteuerrechts.

Bayern erhielt zum erstenmal in der Kirchengemeindeordnung vom 24. 11. 1912 (BayGVBl. 1912, S. 911) — abgekürzt KGO. — ein gesetzlich geregeltes Kirchenumlagenrecht. Die Bestimmungen der KGO., soweit sie das Umlagenrecht und seine formellen Grundlagen betrafen, wurden dann durch das religionsgesellschaftliche Steuergesetz vom 27. 6. 1921 in der Fassung der Gesetze vom 1. 8. 1923 und 27. 6. 1927 (BayGVBl. 1923, 351 und 1927, 223) — abgekürzt RelStG. — ersetzt. Das RelStG. bildete das Recht der KGO. fort und paßte es den veränderten Steuerverhältnissen an. Es regelte in der Hauptsache zwei Gegenstände:

1. Die Bildung und Verwaltung der religionsgemeindlichen und religionsgesellschaftlichen Steuerverbände,
2. das kirchliche Umlagenrecht.

Beim Vollzug dieses Gesetzes ergaben sich bald erhebliche Schwierigkeiten. Die Zweiteilung von Landeskirchenumlagen (der Religionsgesellschaften) und Ortskirchenumlagen (der Religionsgemeinden, Kirchengemeinden), die Vielzahl der Maßstabsteuern und eine zum Teil unbrauchbare Begriffsbildung, die dem Recht der Maßstabsteuern nicht entsprach, belasteten die Ausführung. Die Reichsfinanzverwaltung, der der Gesetzesvollzug hauptsächlich oblag, regte deshalb seit längerer Zeit eine Vereinfachung und Verbesserung des Gesetzes an. Verlangt wurde insbesondere die Schaffung einer Einheitsumlage, eines Einheitssatzes und die Einführung des Steuerabzugs vom Arbeitslohn. Dem wurde zunächst durch ein auf das Rechnungsjahr 1934 beschränktes Gesetz über die Kirchensteuer 1934 — abgekürzt KirchStG. 1934 — teilweise entsprochen. Auf das im Anhang abgedruckte Gesetz darf verwiesen werden. Das Gesetz galt nur für Katholiken, Evangelische, Altkatholiken und Israeliten. Da sich das Gesetz bewährte, entschloß man sich, seine Grundsätze im neuen Kirchensteuergesetz beizubehalten und zugleich für dieses Gesetz die übrigen Bestimmungen des religionsgesellschaftlichen Steuergesetzes gründlich zu überarbeiten. Das Ergebnis der gesetzgeberischen Bemühungen ist das vorliegende zeitlich nicht beschränkte Kirchensteuergesetz — abgekürzt KirchStG. —. Auch dieses Gesetz gilt für die gleichen Bekenntnisse wie das KirchStG. 1934.

II.

Das geltende bayerische Kirchensteuerrecht.

Die Rechtslage ist nunmehr die folgende:

1. Das KirchStG. regelt das Recht der Kirchenumlagen und des Kirchgelds für die folgenden Bekenntnisse: Die

katholische Kirche in Bayern, die evangelisch-lutherische Kirche in Bayern rechts des Rheins, die protestantische Landeskirche der Pfalz, die reformierte Kirche in Bayern r. d. Rheins, die altkatholische Kirche in Bayern und die Israeliten.

2. Für diese Bekenntnisse gelten ferner noch die Bestimmungen des RelStG. über die Religionsgesellschaften und Religionsgemeinden als Steuerverbände (Bildung, Zusammensetzung, Geschäftsführung), über die Zwangsbefugnisse der Religionsgesellschaften gegenüber den Religionsgemeinden, über die Zusammenfassung zu größeren Steuerverbänden und über das Verhältnis zu außerbayerischen Religionsgemeinden.

3. Für andere Religionsgesellschaften und Religionsgemeinden des öffentlichen Rechts als die unter 1 angeführten gilt das RelStG. in vollem Umfang weiter. Als solche Religionsgesellschaften kommen zur Zeit nur Methodisten und Mennoniten in Frage. Für diese Religionsgesellschaften gilt dann auch noch in dem bisherigen Umfang die KGO. Aber nur insoweit als sie nicht mit den RelStG. in Widerspruch steht. Art. 20 RelStG. Diese Weitergeltung von RelStG. und KGO. hat aber augenblicklich keine praktische Bedeutung, da weder Methodisten noch Mennoniten zur Zeit Umlagen erheben.

III.

Die Neuerungen des Kirchensteuergesetzes.

Das KirchStG. unterscheidet sich hauptsächlich in folgenden Punkten vom RelStG.:

1. Die Kirchenumlagen sind Bekenntnisumlagen, d. h. sie werden für die Bekenntnisse (Religionsgesellschaften) erhoben. Die Zweiteilung von religionsgesellschaftlichen und religionsgemeindlichen Umlagen ist beseitigt.

2. Der Hundertsatz der Umlagen ist für alle Bekenntnisse gleich (Einheitshundertsatz).
3. Die Umlage von der im Abzugsverfahren einbehaltenen Lohnsteuer wird gleichzeitig mit der Lohnsteuer durch Steuerabzug erhoben.
4. Die sämtlichen umlagepflichtigen juristischen Personen, nicht rechtsfähigen Vereine und Vermögensmassen werden mit dem gleichen Hundertsatz zur Umlage herangezogen. Die Kirchenumlage dieser Rechtsgebilde ist nicht mehr Bauumlage sondern allgemeine Kirchenumlage. Die Unterscheidung von juristischen Personen mit und ohne Bekenntnisgepräge ist beseitigt.
5. Ohne Steuerveranlagung keine Umlagenpflicht. Die Umlagenpflicht bestimmt sich nach der Veranlagung zu den Maßstabsteuern. Zu jedem im Weg der Veranlagung festgestellten Maßstabsteuerbetrag ist die Umlage als Zuschlag festzusetzen. Auch bei Lohnsteuerpflichtigen bemißt sich die Umlage danach, ob der Lohnsteuerpflichtige zur Einkommensteuer zu veranlagen wäre, wenn diese Steuer nicht durch Steuerabzug zu entrichten wäre. Nur eine Ausnahme von diesem Grundsatz: Gewerbliche Betriebe von Körperschaften des öffentlichen Rechts, insbesondere die Versorgungsbetriebe werden zwar zur Körperschaftsteuer veranlagt, sind aber von der Kirchenumlagenpflicht befreit.

IV.

Bemessungsgrundlage.

Die Kirchenumlage besteht in einem prozentualen Zuschlag (Hundertsatz) zu bestimmten Reichs- und Landessteuern. Diese bilden daher die Bemessungsgrundlage der Kirchenumlagen und heißen als solche Maßstabsteuern. Der volle Betrag der einfachen Maßstabsteuern ohne Zuschläge ist der Umlagenberechnung zugrunde zu legen.

Maßstabsteuern sind: Einkommensteuer, Vermögensteuer, Körperschaftsteuer, Grundsteuer, Haussteuer, Gewerbsteuer.

V.

Steuergläubiger.

(Wer erhält die Umlagen?)

1. Steuergläubiger der Kirchenumlage ist die Religionsgesellschaft. Nur die Religionsgesellschaft ist daher an einem Verwaltungsstreitverfahren über die Kirchenumlage für beteiligt erklärt (Art. 18 I KStG.). Sie kann einen Teil des Aufkommens an die Kirchengemeinde abgeben.
2. Bei der von den juristischen Personen, nicht rechtsfähigen Vereinen und Vermögensmassen auf Grund der Veranlagung zu den Maßstabsteuern geschuldeten Umlage sind verschiedene Bekenntnisse anteilsweise berechtigt. Die Umlage wird in Bruchteile zerlegt und verteilt. Diese Regelung war geboten, da diese Rechtsgebilde nicht wie die natürlichen Personen einem Bekenntnis angehören. Die bisherige Unterscheidung zwischen juristischen Personen mit und ohne Bekenntnisgepräge ist beseitigt.
3. Bei sonstigen Personenvereinigungen, die als solche veranlagt werden, wird die Kirchenumlage von den einzelnen Mitgliedern geschuldet. Die veranlagte Steuer wird zu diesem Zweck auf die einzelnen Mitglieder verteilt und aus dem Anteil jedes Mitgliedes dann, die Kirchenumlage berechnet. Ist das Mitglied natürliche Person, wird der Umlagensatz für natürliche Personen, ist das Mitglied juristische Person, so wird der Umlagensatz für juristische Personen der Berechnung zugrunde gelegt. Diese Regelung des Art. 7 Abs. 3 KStG. hat zur Zeit nur für die Veranlagung der offenen Handelsgesellschaft zur Vermögensteuer 1935 Bedeutung; das ist der einzige Fall im Recht der Maßstabsteuern, in dem eine Personenvereinigung als solche veranlagt wird.

4. Die gleiche Regelung wie bei 3 wird aber von besonderer Bedeutung in den Fällen, in denen mehrere Personen zusammen zu einer Maßstabsteuer veranlagt werden. Der hauptsächlichste Fall ist die Haushaltbesteuerung. Auch hier wird die veranlagte Steuer für die Kirchenumlage auf die einzelnen Personen ausgeschieden und die Kirchenumlage aus dem so errechneten Steuerbruchteil für jede Person gesondert festgesetzt. Für kirchlich gemischte Ehen gilt eine besondere in Art. 8 KirchStG. vorgeschriebene Ausscheidung (Ausscheidung je auf die Angehörigen des gleichen Bekenntnisses).

Zu 2 mit 4: Bemessungsgrundlage ist aber auch in diesen Fällen die veranlagte Maßstabsteuer. Es ist deshalb nicht ganz zutreffend, wenn das Gesetz diese Verteilung auf verschiedene Bekenntnisse in dem Artikel über die Bemessungsgrundlage behandelt.

VI.

Vorauszahlungen.

Mit den Vorauszahlungen auf die Maßstabsteuern sind auch die entsprechenden Vorauszahlungen auf die Kirchenumlagen zu leisten. Die Vorauszahlungen werden bei der endgültigen Festsetzung der Umlagenschuld angerechnet.

VII.

Die Kirchenlohnsteuer.

Der Arbeitgeber hat beim Abzug der Lohnsteuer (Reichseinkommensteuer) auch die aus der Lohnsteuer geschuldete Kirchenumlage (Kirchenlohnsteuer) abzuziehen und beide Steuern gleichzeitig an das Finanzamt der Betriebsstätte abzuführen. Maßgebend ist das Bekenntnis des Arbeitnehmers. Nur wenn in kirchlich gemischten Ehen der Arbeitnehmer bekenntnislos ist, so soll das Bekenntnis seines Ehegatten maßgebend sein.

Ausnahmen: Eine Kirchenlohnsteuer ist nicht abzuziehen

a) wenn der Arbeitnehmer in Bayern keinen Wohnsitz oder gewöhnlichen Aufenthalt hat,

b) wenn das Lohnkonto über die Bezüge und über die Lohnsteuer des Arbeitnehmers in einer außerbayerischen Betriebsstätte geführt wird. Dieser Arbeitnehmer ist aber unter den allgemeinen Voraussetzungen umlagenpflichtig und kann daher von der Religionsgesellschaft seines Bekenntnisses zur Umlage aus der Lohnsteuer herangezogen werden. Die Umlage aus der Lohnsteuer muß aber in diesem Fall von der Religionsgesellschaft festgesetzt und eingehoben werden.

Anrechnung der Kirchenlohnsteuer: Wird der Arbeitnehmer nachträglich aus dem gleichen Arbeitseinkommen zur Einkommensteuer veranlagt, so wird die im Steuerabzugsverfahren einbehaltene Lohnsteuer und Kirchensteuer angerechnet. Geschuldet ist dann nur die im Veranlagungsbescheid festgestellte Abschlußzahlung an Einkommensteuer und Kirchenumlage.

VIII.
Erhebungszeitraum.

Der Erhebungszeitraum der Kirchenumlagen ist der gleiche wie bei den zugrunde liegenden Maßstabsteuern. Regelmäßig das Kalenderjahr (§§ 25 EStG., 20 KStG., 12 VStG.). Bei der Kirchenumlage aus der Vermögensteuer das Rechnungsjahr (§ 11 VStG. 1931, § 12 VStG. 1934).

IX.
Verwaltung der Umlagen.

An der Verwaltung der Kirchenumlagen sind beteiligt:
1. die Behörden der Reichsfinanzverwaltung,
2. die Gemeinden,

3. die Arbeitsgeber,
4. die Religionsgesellschaften.

Zu 1. Die Kirchenumlagen zu den veranlagten Maßstabsteuern, mit der einzigen Ausnahme der Grund- und Haussteuer, werden von den Finanzämtern und zwar regelmäßig im gleichen Arbeitsgang und auf demselben Bescheidsformblatt wie die Maßstabsteuern festgesetzt; auch für die Einhebung und Beitreibung gelten die gleichen Vorschriften wie für die Maßstabsteuern.

Zu 2. Die Umlagen für Grund- und Haussteuer werden von den Gemeinden gleichzeitig mit den Gemeindeumlagen festgesetzt und eingehoben.

Zu 3. Die Umlage aus der Lohnsteuer, also die Kirchenlohnsteuer wird vom Arbeitgeber durch Lohnabzug einbehalten und mit der Lohnsteuer an das Finanzamt abgeführt. Steuermarken dürfen nicht mehr verwendet werden.

Zu 4. Die Kirchenumlagen der außerhalb Bayerns Veranlagten werden durch die Religionsgesellschaften festgesetzt und eingehoben. Das gleiche gilt für die Umlagen der Lohnsteuerpflichtigen, die nicht im Abzugsverfahren eingehoben wurden, weil das Lohnkonto bei einer außerbayerischen Betriebstätte geführt wird.

X.

Rechtsmittel.

Wer mit einer Kirchensteuer nach dem KirchStG., also mit einer Kirchenumlage oder einem Kirchgeld in Anspruch genommen wird, kann Entscheidung im Verwaltungsstreitverfahren nach dem Verwaltungsgerichtsgesetz verlangen. Das entspricht der bisherigen Regelung; sehr wichtig ist aber die folgende Neuerung: Antragstellung binnen einer Ausschlußfrist von einem Monat beim Finanzamt oder bei der Bezirksverwaltungsbehörde Art. 15 II Gemeindeabgabengesetz. Die Frist beginnt mit der Bekanntgabe der Umlagenschuld an den Pflichtigen, beim Steuerabzug mit der Vornahme des Abzugs.

Das für die Maßstabsteuern zugelassene Rechtsmittelverfahren (Einspruch, Berufung, Rechtsbeschwerde) gilt also nicht für die Kirchensteuer. Auch wenn die Kirchenumlage beispielsweise im Steuerbescheid des Finanzamts zusammen mit der Maßstabsteuer festgesetzt wird, kann der Umlagenpflichtige die Umlagenfestsetzung nur im Verwaltungsstreitverfahren angreifen. Das Verwaltungsstreitverfahren setzt die Feststellung der Maßstabsteuer voraus; der Verwaltungsrichter ist nicht befugt die Festsetzung der Maßstabsteuer nachzuprüfen und etwa zu berichtigen. Beteiligt am Streitverfahren sind nur die Religionsgesellschaft oder Steuerpflichtigen. Die Religionsgemeinde (Kirchengemeinde) ist nicht beteiligt.

Das Recht, auf Entscheidung im Verwaltungsstreitverfahren anzutragen steht auch dem zu, von dem ein Steuersäumniszuschlag gefordert wird.

XI.

Erlaß und Niederschlagung.

Erlaß bedeutet den Verzicht des Steuergläubigers auf seine Steuerforderung; Niederschlagung besagt, daß die Beitreibung zur Zeit wegen Aussichtlosigkeit oder wegen Geringfügigkeit des Steuerbetrages nicht durchgeführt wird. Der Erlaß beseitigt die Steuerschuld, die Niederschlagung läßt die Steuerschuld bestehen.

Die Kirchenumlage kann in der Weise erlassen werden, daß die Maßstabsteuer erlassen wird; der Erlaß der Maßstabsteuer hat den Erlaß der Kirchenumlage von selbst zur Folge. Es kann aber auch die Kirchenumlage als solche gesondert bei Fortbestand der Maßstabsteuerschuld erlassen werden. Zuständigkeit: Zum Erlaß der Maßstabsteuer ist das Finanzamt zuständig. Der selbständige Erlaß der Umlage ist Sache der Religionsgesellschaften. Zur

Niederschlagung ist befugt, wer die Umlagen beizutreiben hat, also das Finanzamt oder die Gemeinde oder die Religionsgesellschaft.

XII.

Das Kirchgeld.

Das schon im KirchStG. 1934 enthaltene Kirchgeld ist eine Jahresabgabe, die von den einzelnen Religionsgesellschaften für ihre Mitglieder oder für die Angehörigen einer Religionsgemeinde eingeführt werden kann. Einheitssatz bis zu je RM. 3.—. Die Festsetzung eines über RM. 3.— hinausgehenden Satzes bedarf der Genehmigung des Unterrichtsministeriums; Höchstbetrag RM. 30.—. Das über RM. 3.— hinausgehende Kirchgeld muß gestaffelt werden.

Das Kirchgeld ist im Gegensatz zur Kirchenumlage kein Zuschlag zu einer Maßstabsteuer, sondern eine selbständige Abgabe. Die Kirchgeldpflicht setzt voraus:

Vollendetes 21. Lebensjahr, eigenes Einkommen von bestimmtem Mindestbetrag, Wohnsitz oder Aufenthalt.

Das Kirchgeld wird ausschließlich durch die Religionsgesellschaften verwaltet.

XIII.

Reichsabgabenordnung, Steueranpassungsgesetz, Steuersäumnisgesetz.

Zur notwendigen Ergänzung des KirchStG. sind Vorschriften der RAO. und des Steueranpassungsgesetzes und ferner das Steuersäumnisgesetz für anwendbar erklärt worden.

Bei der Anwendung der RAO. handelt es sich um die Vorschriften über den Begriff des Steuerpflichtigen, die Pflichten der gesetzlichen Vertreter, die Erbenhaftung, Pflichten eines Bevollmächtigten, persönliche Haftung der Vertreter, Inanspruchnahme der Vertreter und Bevollmächtigten. Aus dem Steueranpassungsgesetz sind in Geltung die Bestimmungen über das Entstehen der Steuerschuld, die Haftung der Gesamtschuldner, die Gesamtrechtsnachfolge, die Steuerbefreiung auf Grund von Staatsverträgen, den Begriff von Wohnsitz und Aufenthalt. Nach dem Steuersäumnisgesetz ist bei verspäteter Umlagenzahlung ein einmaliger Säumniszuschlag zu entrichten. Die bisherigen Verzugszinsen sind ab 1. 1. 1935 weggefallen. Sie werden nur noch für 1934 erhoben. Verzugszinsen, die auf die Zeit vor 1. 1. 1934 entfallen, werden nicht mehr erhoben.

Gesetz über die Kirchensteuer
(KirchStG.)
Vom 20. Mai 1935.

(GVBl. S. 429).

Das Bayerische Gesamtministerium hat als Landesregierung auf Grund der §§ 1 und 3 der Ersten Verordnung über den Neuaufbau des Reichs vom 2. Februar 1934 (RGBl. I S. 81) das folgende Gesetz beschlossen:

Art. 1
Recht der Steuererhebung

Das Recht zur Erhebung von Kirchensteuern bemißt sich für jene Bekenntnisse, die im Rechnungsjahre 1933/34 religionsgesellschaftliche Umlagen erhoben haben, nach diesem Gesetz.

I. Kirchenumlagen
1. Allgemeine Vorschriften

Art. 2
Maßstabsteuern

Die Umlagen werden als Zuschläge zur Einkommensteuer, Körperschaftsteuer und Vermögensteuer sowie zur Grundsteuer, Haussteuer und Gewerbsteuer (Maßstabsteuern) erhoben und zwar für den gleichen Zeitraum, für den die Maßstabsteuern erhoben werden (Erhebungszeitraum).

Art. 3

Umlagenpflicht

I Umlagenpflichtig sind die Religionsgenossen und die juristischen Personen, nichtrechtsfähigen Vereine und Vermögensmassen, die bei einem im Bezirke des religionsgesellschaftlichen Steuerverbandes gelegenen Finanzamt zu der Maßstabsteuer veranlagt sind oder zu veranlagen wären, wenn die Steuer nicht durch Steuerabzug vom Arbeitslohn zu entrichten wäre. Art. 13 Abs. I bleibt unberührt.

II Die Umlagenpflicht beginnt und endet mit der Steuerpflicht. Treten ihre sonstigen Voraussetzungen erst nach dem Beginn der Steuerpflicht ein oder fallen sie früher als diese weg, so beginnt und endet die Umlagenpflicht mit dem Anfang des nächsten Kalendervierteljahres; die Umlage beträgt nur den entsprechenden Bruchteil der auf den nächsten durch vier teilbaren Reichspfennigbetrag abgerundeten Jahresumlagenschuld.

Art. 4

Persönliche Befreiungen

Von der Umlagenpflicht sind die Körperschaften, Stiftungen und Anstalten des öffentlichen Rechts befreit; die Befreiung gilt auch für Betriebe gewerblicher Art von Körperschaften des öffentlichen Rechts.

Art. 5
Einheitssatz

Bei allen beteiligten Bekenntnissen werden die Umlagen des religionsgesellschaftlichen Steuerverbandes und der religionsgemeindlichen Steuerverbände des gleichen Bekenntnisses in einem Betrage mit einem Einheitssatz erhoben.

Art. 6
Höhe des Einheitssatzes

Der Einheitssatz beträgt für die Umlagen
1. zur Einkommensteuer acht vom Hundert,
2. zur Körperschaftsteuer drei vom Hundert,
3. zur Vermögensteuer, Gewerbsteuer, Grundsteuer und Haussteuer
   a) bei juristischen Personen, nichtrechtsfähigen Vereinen und Vermögensmassen drei vom Hundert,
   b) bei natürlichen Personen zehn vom Hundert.

Art. 7
Bemessungsgrundlage

I Die Umlagen werden auf der Grundlage der für den Erhebungszeitraum veranlagten einfachen Maßstabsteuer (ohne Zuschläge) erhoben.

II Juristische Personen, nichtrechtsfähige Vereine und Vermögensmassen werden für die Steuerverbände eines Bekenntnisses nur nach Maßgabe eines Bruchteils der Steuerschuld herangezogen. Der Bruchteil ist gleich dem Hundertsatz, den die Zahl der dem Bekenntnis angehörenden Religionsgenossen innerhalb der gesamten Wohnbevölkerung der beteiligten Gemeinde ausmacht. Maßgebend sind die Verhältnisse der letzten dem Erhebungszeitraum vorausgegangenen Volkszählung; Bruchteile des Hundertsatzes von mehr als ein Halb werden auf eins vom Hundert aufgerundet, andere bleiben außer Ansatz. Als beteiligte Gemeinden gilt die bürgerliche Gemeinde (die gemeindefreien Grundstücke), in der die Voraussetzungen für die Zuständigkeit des Finanzamtes zur Veranlagung der Maßstabsteuer vorliegen. Das Staatsministerium für Unterricht und Kultus ist ermächtigt, auf Antrag der beteiligten Bekenntnisse eine andere Verteilung zu bestimmen.

III Die Mitglieder der übrigen nichtrechtsfähigen Personenvereinigungen werden nur nach Maßgabe ihres Anteils an der veranlagten Steuer herangezogen und zwar natürliche Personen nur zu Umlagen ihres Bekenntnisses und juristische Personen nach Maßgabe der in Abs. II vorgeschriebenen Ausscheidung. Soweit nicht etwas anderes nachgewiesen oder von Amts wegen festgestellt wird, sind gleiche Anteile anzunehmen. Art. 3 Abs. II bleibt unberührt.

IV Abs. III gilt entsprechend, wenn umlagenpflichtige Religionsgenossen mit anderen Steuerpflichtigen zu der Steuer zusammen (einheitlich) zu veranlagen sind. Art. 3 Abs. II bleibt unberührt.

Art. 8

Kirchlich gemischte Ehen

I Sind Ehegatten oder der Haushaltsvorstand (Eltern) und Kinder zu der Steuer zusammen (einheitlich) zu veranlagen und gehören sie verschiedenen Bekenntnissen oder teilweise keinem Bekenntnis an, so werden die Steuern zu gleichen Teilen je auf die Angehörigen des gleichen Bekenntnisses und die Bekenntnislosen zusammen ausgeschieden; die Angehörigen des gleichen Bekenntnisses werden zusammen zur Umlage nur nach Maßgabe des auf sie treffenden Bruchteils der Steuer herangezogen.

II In den Fällen des Abs. I haften mehrere Umlagenpflichtige des gleichen Bekenntnisses als Gesamtschuldner, ebenso Ehegatten sowie der Haushaltsvorstand (Eltern) und Kinder.

Art. 9

Umlagen der auswärts Veranlagten

I Die religionsgesellschaftlichen Steuerverbände sind berechtigt, auch von solchen Religionsgenossen sowie juristischen Personen, nichtrechtsfähigen Vereinen und Vermögensmassen, die bei einem außerhalb des religionsgesellschaftlichen Steuerverbandes gelegenen Finanzamt zur Einkommensteuer, Körperschaftsteuer oder Vermögensteuer veranlagt sind, innerhalb des Steuerverbandes aber einen Wohnsitz, Grundbesitz oder eine Betriebsstätte haben, Umlagen in Höhe des Einheitssatzes zu erheben. Zur Vermeidung einer Doppelbesteuerung darf die Umlage jedoch nur von einem Ausscheidungsanteil der veranlagten Einkommensteuer, Körperschaftsteuer oder Vermögensteuer erhoben werden.

II Der Ausscheidungsanteil wird in folgender Weise ermittelt:

1. bei der Einkommensteuer und Körperschaftsteuer nach den Grundsätzen, die nach dem Finanzausgleichsgesetz für die Festsetzung des Rechnungsanteils der Sitzgemeinde oder Belegenheitsgemeinde gelten; er kann nach dem Verhältnis der im letzten Verteilungsplan vom Finanzamt festgesetzten Rechnungsanteile errechnet werden;

2. bei der Vermögensteuer nach dem Verhältnis des Wertes des im Bezirk des Steuerverbandes belegenen Vermögens zu dem Gesamtvermögen des Umlagenpflichtigen; dabei sind die nach den Vorschriften des Reichsbewertungsgesetzes festgestellten Werte und eine nach den Vorschriften über die Zerlegung der Einheitswerte vorgenommene Verteilung des Steuerobjekts zu berücksichtigen.

III Die Gemeindebehörden sind verpflichtet, den Steuerverbänden bei der Feststellung der Grundlagen dieser Umlagenerhebung die erforderlichen Auskünfte zu erteilen.

Art. 10

Vorauszahlungen

Mit den Vorauszahlungen, die auf die Maßstabsteuern zu entrichten sind, werden Vorauszahlungen auf die Umlagen erhoben. Sie sind auf die Umlagenschuld anzurechnen.

Art. 11

Erlaß, Niederschlagung

I Der Erlaß der Maßstabsteuer bewirkt die entsprechende Minderung oder Aufhebung der Umlage.

II Die Befugnis zum selbständigen Erlaß der Umlagen aus Billigkeitsgründen steht den religionsgesellschaftlichen Steuerverbänden zu.

III Die Niederschlagung von Umlagen bemißt sich nach den für die Niederschlagung der Maßstabsteuern geltenden Bestimmungen. Soweit Finanzämter die Umlage verwalten und selbst zur Niederschlagung der Maßstabsteuer befugt sind, sind sie auch zur Niederschlagung der Umlagen zuständig. Im übrigen sind die religionsgesellschaftlichen Steuerverbände zuständig; sie können die mit der Verwaltung der Umlagen betrauten Behörden zur Niederschlagung ermächtigen.

2. Kirchenumlagen der Lohnsteuerpflichtigen (Kirchenlohnsteuer)

Art. 12

Abzugsverfahren

I Bei Umlagenpflichtigen, die dem Steuerabzug vom Arbeitslohn (Lohnsteuer) unterliegen, wird die Umlage zu der Einkommensteuer auf die Einkünfte aus unselbständiger Arbeit als Zuschlag zu der Lohnsteuer erhoben (Kirchenlohnsteuer). Der Arbeitgeber hat die Umlage für den Arbeitnehmer bei jeder Lohnzahlung einzubehalten und mit der Lohnsteuer an das zuständige Finanzamt abzuführen.

II Der Umlagenbetrag ist auf den nächsten vollen Reichspfennigbetrag nach unten abzurunden.

III Beträge, die als Zuschlag zur Lohnsteuer (Kirchenlohnsteuer) erhoben worden sind, werden nur unter den Voraussetzungen des § 152 der Reichsabgabenordnung erstattet.

Art. 13
Auswärtige Arbeitnehmer

I Die Einbehaltung der Kirchenlohnsteuer entfällt bei Arbeitnehmern, die innerhalb Bayerns weder einen Wohnsitz noch ihren gewöhnlichen Aufenthalt haben. Art. 9 bleibt unberührt.

II Arbeitgeber, in deren Betrieb die Lohnsteuerberechnung und die Führung des Lohnkontos von einer außerhalb Bayerns gelegenen Betriebsstätte oder Dienststelle vorgenommen wird, sind nicht verpflichtet, die Umlagen einzubehalten. Den Religionsgesellschaften bleibt es überlassen, die bei solchen Arbeitgebern beschäftigten Lohnsteuerpflichtigen zur Umlage heranzuziehen.

Art. 14
Veranlagte Arbeitnehmer

Umlagenpflichtige, die unbeschadet des Steuerabzugs vom Arbeitslohn zur Einkommensteuer veranlagt werden (§ 46 des Einkommensteuergesetzes), werden nach Maßgabe der veranlagten Einkommensteuer zur Umlage aus der Einkommensteuer herangezogen; die nach Art. 12 einbehaltene Kirchenlohnsteuer wird auf die Umlage angerechnet.

Art. 15
Kirchlich gemischte Ehen

Das Recht, Umlagen zur Lohnsteuer zu erheben, steht der Religionsgesellschaft zu, der der Arbeitnehmer oder, falls dieser bekenntnislos ist, sein Ehegatte angehört.

Art. 16
Haftung des Arbeitgebers und des Arbeitnehmers

Auf die Haftung des Arbeitgebers und des Arbeitnehmers für die Kirchenlohnsteuer findet § 38 Abs. 3 des Einkommensteuergesetzes entsprechende Anwendung.

3. Verwaltuug und Streitverfahren

Art. 17
Verwaltung der Umlagen

I Die Umlagen zur Grundsteuer und Haussteuer sind von den Gemeindebehörden einzuheben und an die beteiligten Religionsgesellschaften abzuliefern. Für die Beitreibung dieser Umlagen gilt Art. 16 des Gemeindeabgabengesetzes vom 8. April 1935 (GVBl. S. 349) entsprechend. Die Gemeinden sind berechtigt, von jeder Ablieferung drei vom Hundert zur Deckung des Sachbedarfes einzubehalten. Im linksrheinischen Bayern gelten als Gemeindebehörden in diesem Sinne für ihre Bezirke die Steuer- und Gemeindeeinnehmereien.

II Die Umlagen zu den sonstigen Maßstabsteuern werden von den Finanzämtern verwaltet, soweit dieses Gesetz nicht Anderes bestimmt.

III In den Fällen des Art. 9 und des Art. 13 Abs. II kommt die Verwaltung den religionsgesellschaftlichen Steuerverbänden selbst zu. Die Vertretungen dieser Steuerverbände haben das Vollstreckungsrecht; Art. 6

und 7 Abs. I Satz 1, Abs. II des Ausführungsgesetzes zur Zivilprozeßordnung und Konkursordnung vom 23. Februar 1879 in der Fassung der Bekanntmachung vom 26. Juni 1899 (GVBl. S. 401) finden entsprechende Anwendung.

Art. 18

Streitverfahren

I Streitigkeiten über die Verbindlichkeit zur Entrichtung von Umlagen und über die Pflicht des Arbeitgebers zur Einbehaltung und Abführung der Kirchenlohnsteuer und seine Haftung sind im Verwaltungsstreitverfahren (Art. 10 des Verwaltungsgerichtsgesetzes) zu entscheiden. Die religionsgemeindlichen Steuerverbände sind neben dem religionsgesellschaftlichen Steuerverband am Verfahren nicht beteiligt.

II Zuständig zur Entscheidung im ersten Rechtszug ist die Bezirksverwaltungsbehörde, in deren Bezirk der Sitz des zur Veranlagung der Maßstabsteuer zuständigen Finanzamtes oder die das Lohnkonto führende Betriebsstätte oder Dienststelle des Arbeitgebers liegt, jedoch im Falle des Art. 9 die Bezirksverwaltungsbehörde, in deren Bezirk der Umlagenpflichtige einen Wohnsitz, Grundbesitz oder eine Betriebsstätte hat, und im Falle des Art. 13 Abs. II die Bezirksverwaltungsbehörde, in deren Bezirk der Umlagenpflichtige einen Wohnsitz oder seinen gewöhnlichen Aufenthalt hat. Ist in Ansehung mehrerer Maßstabsteuern die Verpflichtung zur Entrichtung von Umlagen streitig, so kann der Rechtsstreit an die zuerst befaßte Bezirksverwaltungsbehörde verwiesen werden.

III Im zweiten und letzten Rechtszug entscheidet der Verwaltungsgerichtshof.

IV Art. 15 Abs. II des Gemeindeabgabengesetzes findet entsprechende Anwendung. Der Antrag auf Entscheidung im Verwaltungsstreitverfahren ist bei dem mit der Verwaltung betrauten Finanzamt oder bei der zur Entscheidung zuständigen Bezirksverwaltungsbehörde zu stellen.

II. Kirchgeld

Art. 19

Kirchgeld

Außer den Umlagen können die religionsgesellschaftlichen und die religionsgemeindlichen Steuerverbände für ihre Zwecke in eigener Verwaltung ein Kirchgeld nach den folgenden Vorschriften erheben.

Art. 20

Religionsgesellschaftliches und religionsgemeindliches Kirchgeld

Das Kirchgeld ist entweder als religionsgesellschaftliche oder als religionsgemeindliche Abgabe zu erheben. Die Bestimmung hierüber ist durch die Religionsgesellschaft oder den ihr gleichbestellten Verband zu treffen. Dabei kann auch vorgesehen werden, daß vom religionsgesellschaftlichen Kirchgeld Teilbeträge an die religionsgemeindlichen Steuerverbände überwiesen werden. Die Erhebung des Kirchgeldes als religionsgesellschaftliche Abgabe bedarf der Genehmigung des Staatsministeriums für Unterricht und Kultus.

Art. 21

Kirchgeldpflicht

I Das Kirchgeld wird für das Rechnungsjahr von allen über 21 Jahre alten Bekenntnisgenossen mit eigenem Einkommen erhoben, die in dem Bezirk des Steuerverbandes einen Wohnsitz oder mangels eines Wohnsitzes ihren gewöhnlichen Aufenthalt haben. Als eigenes Einkommen gilt auch der Unterhalt bei Tätigkeit im Haushalt oder im Betrieb desjenigen, der den Unterhalt gewährt.

II Wenn das Kirchgeld als religionsgemeindliche Abgabe erhoben wird und der Pflichtige in Bayern einen mehrfachen Wohnsitz hat, so ist derjenige religionsgemeindliche Steuerverband abgabeberechtigt, in dessen Bezirk sich der Pflichtige vorwiegend aufhält.

Art. 22

Höhe der Abgabe

Das Kirchgeld ist in Form einer für alle Pflichtigen gleichen Abgabe zu erheben; es darf den Betrag von 3 Reichsmark nicht übersteigen. In besonderen Fällen kann ausnahmsweise mit Genehmigung des Staatsministeriums für Unterricht und Kultus ein höheres, nach dem Einkommen zu staffelndes Kirchgeld bis zum Höchstbetrag von 30 Reichsmark erhoben werden.

Art. 23

Persönliche Befreiungen

Von der Verpflichtung zur Entrichtung des Kirchgeldes sind befreit:

1. Personen, die Arbeitslosen- oder Krisenunterstützung nach Maßgabe des Gesetzes über Arbeitsvermittlung und Arbeitslosenversicherung beziehen;
2. Personen, die laufende öffentliche Fürsorge genießen oder laufende öffentliche Fürsorge nur deshalb nicht genießen, weil sie als Arbeitsdienstwillige des freiwilligen Arbeitsdienstes beschäftigt sind;
3. Ehefrauen, die nicht dauernd von ihrem Ehemann getrennt leben;
4. Personen, die noch in der Berufsausbildung stehen.

Art. 24

Kirchlich gemischte Ehen

Das Kirchgeld ist auch bei gemischten Ehen in voller Höhe vom Ehemann zu entrichten und zwar an den religionsgesellschaftlichen oder religionsgemeindlichen Steuerverband seines Bekenntnisses und, sofern er bekenntnislos ist, an den Steuerverband des Bekenntnisses, dem die Ehefrau angehört.

Art. 25

Stichtag

[1]Maßgebend für die Abgabepflicht und die Abgabeberechtigung sind die Verhältnisse bei Beginn

des Rechnungsjahres; nachträgliche Änderungen während des Rechnungsjahres bleiben unberücksichtigt.
II Den Zeitpunkt der Fälligkeit bestimmt die Vertretung des Steuerverbandes.

Art. 26

Verwaltung, Beitreibung, Rechtsmittel

Die Art. 11 Abs. II, 17 Abs. III sowie Art. 18 Abs. I, III und IV finden entsprechende Anwendung; zuständig im ersten Rechtszug ist die Bezirksverwaltungsbehörde, in deren Bezirk der Abgabepflichtige einen Wohnsitz oder seinen gewöhnlichen Aufenthalt hat oder im Falle des Art. 21 Abs. II sich vorwiegend aufhält.

III. Kirchlicher Finanzausgleich

Art. 27

Die Verteilung des Aufkommens an Umlagen nach Abschnitt I dieses Gesetzes zwischen den Religionsgesellschaften und Religionsgemeinden bleibt den Religionsgesellschaften überlassen; den Religionsgemeinden steht ein Beschwerderecht gegen die Verteilung nicht zu.

IV. Schluß- und Übergangsbestimmungen

Art. 28

Pflichten der Umlage- und Kirchgeldpflichtigen

Wer mit einer Kirchensteuer in Anspruch genommen wird, hat der mit der Verwaltung der

Umlagen oder des Kirchgeldes betrauten Stelle Aufschluß über seine Zugehörigkeit zu einer Religionsgesellschaft zu geben und die übrigen zur Festsetzung der Umlage oder des Kirchgeldes nötigen Erklärungen abzugeben.

Art. 29

Anwendung von Vorschriften der Reichsabgabenordnung, des Steueranpassungsgesetzes und des Steuersäumnisgesetzes

Die §§ 97 Abs. 1 und 2, §§ 103 bis 110, 118 bis 120 der Reichsabgabenordnung und die § 3 Abs. 1 bis 3, § 7 Abs. 1 und 3, §§ 8 Abs. 1 und 2, 9, 13, 14 Abs. 1, 16 des Steueranpassungsgesetzes finden entsprechende Anwendung. Auf die Haftung der Mitglieder eines nichtrechtsfähigen Vereins findet § 113 der Reichsabgabenordnung sinngemäß Anwendung.

Ferner finden die Vorschriften des Steuersäumnisgesetzes vom 24. Dezember 1934 auf die Kirchenumlagen und das Kirchgeld entsprechend Anwendung. Streitigkeiten wegen der Anforderung des Säumniszuschlages werden im Verwaltungsstreitverfahren (Art. 18 und 26) entschieden.

Art. 30

Anzeige des Aufkommens

Die religionsgesellschaftlichen Steuerverbände haben dem Staatsministerium für Unterricht und Kultus das Aufkommen an Umlagen und das Aufkommen an Kirchgeld in den einzelnen Religionsgemeinden alljährlich anzuzeigen.

Art. 31

Inkrafttreten

[I] Dieses Gesetz ist erstmals anzuwenden auf die Umlage

a) zur Grundsteuer und Haussteuer für das Rechnungsjahr 1935,

b) zur Lohnsteuer auf den Arbeitslohn, der für eine nach dem 31. Dezember 1934 erfolgende Dienstleistung gewährt wird,

c) zu der für das Kalenderjahr 1934 festgesetzten Einkommensteuer, Körperschaftsteuer und Gewerbsteuer,

d) zu der Vermögensteuer für das Rechnungsjahr 1935.

[II] Die Kirchenumlage nach diesem Gesetz wird auch zu dem Steuerbetrag erhoben, um den sich die Einkommensteuerschuld nach § 53 Abs. 1 des Einkommensteuergesetzes und die Körperschaftsteuerschuld nach § 25 Abs. 1 des Körperschaftsteuergesetzes erhöht. Die seit dem Ende des Steuerabschnittes 1932/33 bis zum Ende des Kalenderjahres 1934 entrichteten Vorauszahlungen auf die Umlage zur Einkommensteuer und Körperschaftsteuer werden auf die erhöhte Umlagenschuld angerechnet.

Art. 32

Das religionsgesellschaftliche Steuergesetz

[I] Das religionsgesellschaftliche Steuergesetz vom $\frac{\text{1. August 1923}}{\text{27. Juni 1927}}$ (GVBl. S. $\frac{351)}{223)}$ findet bis auf die Art. 1 bis 4, 12 Abs. III a, 18 Abs. I, II, III Satz 1, IV,

Art. 18b und 19 insoweit keine Anwendung mehr, als das Recht zur Erhebung von Kirchensteuern sich nach diesem Gesetz bemißt (Art. 1).

II Der vorletzte Halbsatz des Art. 12 Abs. III a des religionsgesellschaftlichen Steuergesetzes erhält folgende Fassung:

„Wenn die endgültig festgestellte Verpflichtung innerhalb einer angemessenen Frist nicht erfüllt wird, so kann die Religionsgesellschaft die gebotenen Maßnahmen treffen, insbesondere die etwa erforderlichen Kirchensteuern anordnen und ihre Erhebung auf Kosten des religionsgemeindlichen Steuerverbandes veranlassen."

Art. 33

Ermächtigungen

Die Staatsministerien für Unterricht und Kultus und der Finanzen sind ermächtigt

1. in Fällen eines unabweisbaren Bedürfnisses den Einheitssatz zu einzelnen Maßstabsteuern für bestimmte Zeit zu erhöhen,
2. zu bestimmen, daß bei beschränkter Einkommensteuerpflicht, Körperschaftsteuerpflicht und Vermögensteuerpflicht die Umlagenpflicht zu den Maßstabsteuern insoweit entfällt, als diese auf bestimmte Arten inländischer Einkünfte oder inländischen Vermögens treffen,
3. zu bestimmen, ob und unter welchen Voraussetzungen im Falle des § 19 Abs. III der bayerischen Verfassungsurkunde Personen, die nicht Religionsgenossen sind, von dem religionsgemeind-

lichen Steuerverbande zu einem Beitrag herangezogen werden können,
4. die Vorschriften dieses Gesetzes den für die Maßstabsteuern grundlegenden Vorschriften anzupassen,
5. die zur Durchführung und Ergänzung dieses Gesetzes erforderlichen Rechtsverordnungen und Verwaltungsvorschriften zu erlassen.

München, den 16. Mai 1935.

Ludwig Siebert. Adolf Wagner. J. V. Dr. **Boepple.**
J. V. **Dauser.**

Die Reichsminister des Innern und der Finanzen haben dem vorstehenden Gesetz zugestimmt. Im Namen des Reichs fertige ich hiermit das Gesetz aus und verkünde es.

München, den 20. Mai 1935.

Franz v. Epp, Reichsstatthalter in Bayern.

Bekanntmachung zum Vollzuge des Gesetzes über die Kirchensteuer.

(Nr. II 26899.)

Vom 24. Mai 1935.

Staatsministerium für Unterricht und Kultus und der Finanzen.

Auf Grund des Art. 33 des Gesetzes über die Kirchensteuer vom 20. Mai 1935 (GVBl. S. 429) werden folgende Vollzugsvorschriften erlassen:

Zu Art. 1

§ 1

1. Das Gesetz vom 27. März 1934 über die Kirchensteuer für 1934 (GVBl. S. 231) hat das Kirchensteuerwesen der in Betracht kommenden Bekenntnisse, insbesondere durch Anordnung einer Einheitsumlage und durch die Einführung der Kirchenlohnsteuer für das Rechnungsjahr 1934, vereinfacht. Das Gesetz über die Kirchensteuer vom 20. Mai 1935 hält ohne Befristung seiner Geltungsdauer grundsätzlich hieran fest.

2. Dieses Gesetz gilt für die katholische Kirche, die evangelisch-lutherische Kirche in Bayern r. d. Rheins, die protestantische Landeskirche der Pfalz, die reformierte Kirche in Bayern r. d. Rheins, die altkatholische Kirche in Bayern und die Israeliten.

3. Kirchensteuern im Sinne dieses Gesetzes sind die Kirchenumlagen (Art. 2 bis 18) einschließlich der Kirchenlohnsteuer als Zuschläge zu den Maßstabsteuern und das Kirchgeld (Art. 19 bis 26).

Zu Art. 2

§ 2

Die Zahl und Art der Maßstabsteuern für die Umlagen ist gegenüber der Regelung für 1934 unverändert.

Zu Art. 3

§ 3

Die Umlagenpflicht erfordert nicht mehr, daß der Pflichtige innerhalb des zum religionsgemeindlichen (religionsgesellschaftlichen) Steuerverband gehörigen Gebietes (Teilgebietes) einer bürgerlichen Gemeinde oder abgesonderten Markung eine Maßstabsteuer zu entrichten hat (Art. 7 Abs. I, Art. 11 des religionsgesellschaftlichen Steuergesetzes — RelStG.). Voraussetzung ist nunmehr die Veranlagung zu einer Maßstabsteuer bei einem im Bezirke des religionsgesellschaftlichen Steuerverbandes gelegenen Finanzamt; bei Lohnsteuerpflichtigen ist Voraussetzung, daß sie zu veranlagen wären, wenn die Steuer nicht durch Steuerabzug vom Arbeitslohn zu entrichten wäre. Soweit eine Veranlagung unterbleibt, weil die Steuer durch Steuerabzug nach der Verordnung über den Steuerabzug von Einkünften bei beschränkt Steuerpflichtigen vom 6. Februar 1935 (RGBl. I S. 160, RStBl. S. 214) — § 13, nach der Verordnung über den Steuerabzug von Aufsichtsratsvergütungen vom 6. Februar 1935 (RGBl. I S. 161, RStBl. S. 216) — § 10 — oder durch Steuerabzug vom Kapitalertrag (§§ 43, 44, 46, 50 Abs. 4 EStG.) im Abzugsverfahren erhoben wurde, besteht keine Umlagenpflicht.

Zu Art. 4

§ 4

1. Der Umkreis der persönlichen Befreiungen deckt sich im wesentlichen mit dem bisherigen Recht. Durch Art. 4 Halbsatz 2 ist ausdrücklich klargestellt, daß Körperschaften des öffentlichen Rechts für Betriebe gewerblicher Art (vgl. § 1 Abs. 1 Ziff. 6 des Körperschaftsteuergesetzes vom 16. Oktober 1934, § 1 Ziff. 2 f des Vermögensteuergesetzes vom 16. Oktober 1934, § 2 Ziff. 2 d des Vermögensteuergesetzes vom 22. Mai 1931) nicht kirchenumlagenpflichtig sind. Zu den Betrieben gewerblicher Art von Körperschaften des öffentlichen Rechts zählen auch öffentliche Versorgungsbetriebe (im Sinne des § 39 Abs. 2 Satz 2 StAnpG. und § 38 Abs. 2 der Ersten Verordnung zur Durchführung

des Körperschaftsteuergesetzes vom 6. Februar 1935, RG.-Bl. I S. 163).

2. Befreiungen von der Umlagenpflicht können sich auch aus Sondervorschriften ergeben (vgl. für Angehörige der Wehrmacht Art. 27 Abs. 1 des Reichskonkordats und Schlußprotokoll dazu vom 20. Juli 1933, RGBl. II S. 679, und Kirchengesetz der evangelisch-lutherischen Kirche in Bayern r. d. Rheins über die Bildung von Militärgemeinden vom 6. September 1934, Amtsblatt dieser Kirche S. 127).

3. Die Vorschrift des Art. 8 Abs. V RelStG. ist nicht übernommen.

Zu Art. 5 und 6

§ 5

1. Der Einheitssatz der Umlagen betrug im Rechnungsjahre 1934 für juristische Personen und nichtrechtsfähige Vereine 3 v. H., im übrigen 10 v. H. Art. 6 ermäßigt für natürliche Personen bei der Einkommensteuer infolge der Neuregelung dieser Steuer durch das Einkommensteuergesetz vom 16. Oktober 1934 den Umlagensatz von 10 v. H. auf 8 v. H. (vgl. bereits Bek. vom 19. Dezember 1934, GVBl. S. 438).

2. Die Umlagenschuld wird auf den nächsten vollen Reichspfennigbetrag nach unten abgerundet.

Zu Art. 7

§ 6

1. Art. 7 und 8 ersetzen für die beteiligten Bekenntnisse den Art. 9 (mit 11 Abs. II) RelStG.

2. Art. 7 Abs. II entspricht im wesentlichen der bisherigen Regelung; die Unterscheidung zwischen juristischen Personen (nichtrechtsfähigen Vereinen) mit und ohne Bekenntnisgepräge ist jedoch beseitigt.

3. Art. 7 Abs. III regelt die Bemessung der Besteuerungsgrundlage in den Fällen, in denen zur Maßstabsteuer nicht die Umlagenpflichtigen selbst, sondern nichtrechtsfähige Personenvereinigungen, denen sie angehören, als solche veranlagt werden. Gedacht ist dabei insbesondere

an die Mitglieder (Teilhaber) einer offenen Handelsgesellschaft oder Kommanditgesellschaft sowie sonstige nichtrechtsfähige Gesellschaften und Gemeinschaften des bürgerlichen Rechts, die als solche steuerpflichtig sind.

Beispiel: A (katholisch), B (evangelisch) und die Aktiengesellschaft C sind Gesellschafter einer o. H. G. mit dem Sitz der Geschäftsleitung in M-Stadt, in der 60 v. H. der Wohnbevölkerung katholisch, 40 v. H. evangelisch sind. Das gesamte Vermögen der o. H. G. nach dem Stande am Hauptfeststellungszeitpunkte des 1. Januar 1931 betrug 120000 *RM*. Die Vermögensteuer der o. H. G. für das Rechnungsjahr 1935 beträgt

$$120\,000\ \mathit{RM} \cdot \frac{5}{1000}\ \frac{80}{100} = 480\ \mathit{RM}.$$

Wenn die Kapitalanteile der drei Gesellschafter gleich groß sind, so entfällt auf jeden nach Art. 7 Abs. III ein Steueranteil von 160 *RM*. Hieraus errechnet sich für A und B eine Umlage von je $160\ \mathit{RM} \cdot \frac{10}{100} = 16\ \mathit{RM}$. Der Steueranteil der AG. ist nach Art. 7 Abs. II aufzuteilen in einen Anteil von $160\ \mathit{RM} \cdot \frac{60}{100} = 96\ \mathit{RM}$, aus dem sich die Umlage für die katholische Kirche mit $96\ \mathit{RM} \cdot \frac{3}{100} = 2{,}88\ \mathit{RM}$, und in einen Anteil von $160\ \mathit{RM} \cdot \frac{40}{100} = 64\ \mathit{RM}$, aus dem sich die Umlage für die evangelische Kirche mit $64\ \mathit{RM} \cdot \frac{3}{100} = 1{,}92\ \mathit{RM}$ errechnet.

4. Entsprechend regelt Art. 7 Abs. IV die Fälle, in denen Steuerpflichtige kraft besonderer steuerrechtlicher Bestimmmungen zusammen (einheitlich) zu veranlagen sind (vgl. Art. 4 und 5 des Gewerbesteuergesetzes und die Fälle der Haushaltsbesteuerung im Einkommensteuergesetz, soweit sie nicht nach Art. 8 (kirchlich gemischte Ehen) zu beurteilen sind.

Zu Art. 8

§ 7

Art. 8 findet keine Anwendung, soweit die Umlagenberechtigung sich nach Art. 15 (Kirchenlohnsteuer bei kirchlich gemischten Ehen) bemißt. Die auf die Lohnsteuer entfallende Umlage ist durch die Kirchenlohnsteuer abgegolten.

Beispiel: Der Ehemann ist katholisch, die Ehefrau evangelisch. Die Ehe ist kinderlos. Der Ehemann bezieht einen Gehalt von monatlich 950 RM. Seine Kirchenlohnsteuer beträgt 116,22 RM . $\frac{8}{100}$ = 9,29 RM monatlich, also für das Jahr 111,48 RM. Die veranlagte Einkommensteuer beträgt bei dem Einkommen von 11 400 RM unter Berücksichtigung der Pauschbeträge für Sonderausgaben und Werbungskosten 1420 RM. Die Abschlußzahlung an Einkommensteuer beträgt 1420 RM — 116,22 RM · 12 = 25,36 RM. Nur dieser Betrag wird je zur Hälfte auf den Ehemann und die Ehefrau nach Art. 8 ausgeschieden; aus dem Hälfteanteil gebührt der katholischen wie der evangelischen Kirche je eine Umlage von 12,68 . $\frac{8}{100}$ = 1,01 RM.

Zu Art. 9

§ 8

1. Art. 9 regelt die Umlagenpflicht der auswärts Veranlagten (vgl. bisher Art. 7 Abs. II mit 11 Abs. II RelStG.).

2. Bei der Berechnung des Ausscheidungsanteils der Vermögensteuer (Art. 9 Abs. II Ziff. 2) ist das Verhältnis des im Bezirk des religionsgesellschaftlichen Steuerverbandes belegenen Rohvermögens zu dem gesamten Rohvermögen maßgebend. Für die Frage, ob und welches Vermögen des Pflichtigen im Bezirke des religionsgesellschaftlichen Steuerverbandes belegen ist, sind die Verhältnisse an dem für die Vermögenbesteuerung des Erhebungszeitraumes maßgebenden Veranlagungszeitpunkt (Feststellungszeitpunkt) entscheidend.

Zu Art. 10

§ 9

Die Höhe der Vorauszahlungen bemißt sich nach den Vorauszahlungen auf die Maßstabsteuer und nach den Sätzen des Art. 6.

Zu Art. 11

§ 10

Die Begriffe Erlaß und Niederschlagung sind wie in den §§ 130 und 131 der Reichsabgabenordnung zu verstehen.

Zu Art. 12 bis 16 (Kirchenlohnsteuer)

§ 11

1. Kirchenlohnsteuerpflichtig ist der Arbeitnehmer, der umlagenpflichtig nach Art. 3 Abs. I ist, es sei denn, daß er in Bayern keinen Wohnsitz oder gewöhnlichen Aufenthalt im Sinne der §§ 13 und 14 Abs. 1 des Steueranpassungsgesetzes hat.

a) Der Kirchenlohnsteuer unterliegt sohin unter den sonstigen Voraussetzungen der Arbeitnehmer, der in Bayern seinen Wohnsitz und bei mehrfachem Wohnsitz den Wohnsitz des vorwiegenden Aufenthaltes oder des Dienstortes (§ 73a Abs. 3 AO.) hat. Der im Auslande wohnende Beamte und leitende Angestellte (§ 14 Abs. 2, 3 StAnpG.) ist gleichfalls kirchenlohnsteuerpflichtig.

b) Dagegen sind nicht kirchenlohnsteuerpflichtig beschränkt Steuerpflichtige; sie haben in Bayern keinen Wohnsitz und keinen gewöhnlichen Aufenthalt. Hierher gehören insbesondere Ausländer, die künstlerische oder literarische Tätigkeit im Inlande persönlich ausüben und als steuerpflichtig nach § 49 Ziff. 4 EStG. zu behandeln sind.

2. Nimmt der Arbeitgeber die Lohnsteuerberechnung und die Führung des Lohnkontos von einer außerhalb Bayerns gelegenen Betriebsstätte oder Dienststelle aus vor, so entfällt die Kirchenlohnsteuer.

3. Der Arbeitnehmer, der der Kirchenlohnsteuerpflicht nicht unterliegt, kann umlagenpflichtig sein, wenn er veranlagt wird (Art. 3 Abs. I). Er kann auch nach Maßgabe

der Art. 9 oder 13 Abs. II von dem beteiligten religionsgesellschaftlichen Steuerverbande selbst zu Umlagen herangezogen werden.

§ 12

1. Bei der Erhebung der Kirchenlohnsteuer ist nach den Vorschriften über den Steuerabzug vom Arbeitslohn (§§ 28, 30, 31, 41 bis 46 der Lohnsteuerdurchführungsverordnung — LStDVO. — vom 29. November 1934, RStBl. S. 1489, RMBl. S. 713) zu verfahren. Der Arbeitgeber hat hiernach die Umlagen zusammen mit der Lohnsteuer einzubehalten und wie diese in einer Summe und ohne Bezeichnung der einzelnen Arbeitnehmer an die Kasse des Finanzamts der Betriebsstätte abzuführen. Bei jeder Abführung ist der Betrag der Kirchenumlagen je für die einzelnen in Betracht kommenden Bekenntnisse gesondert anzugeben. In der Lohnsteueranmeldung (§ 44 LStDVO.) sind die einbehaltenen Kirchenumlagenbeträge gesondert und nach Bekenntnissen ausgeschieden zu bescheinigen. Auch die Behörden des Reiches, des Landes, der Gemeinden (Gemeindeverbände) sowie die sonstigen Körperschaften des öffentlichen Rechts haben in dieser Weise zu verfahren.

2. In besonderen Fällen kann der Präsident des Landesfinanzamts die Abführung der Umlagenbeträge an eine andere Kasse als die des Finanzamts der Betriebsstätte verfügen.

3. Die Entrichtung der Kirchenlohnsteuer im Markenverfahren findet nicht mehr statt (vgl. Bek. vom 29. Januar 1935, GVBl. S. 32).

Zu Art. 17

§ 13

Die von den Finanzämtern und den Gemeinden (Steuer- und Gemeindeeinnehmereien) eingehobenen Umlagen und die an das Finanzamt abgeführten Kirchenlohnsteuern sind unmittelbar nach Eingang abzuliefern

a) für die katholische Kirche an den bayer. Diözesangesamtverband (Erzbischöfliche Finanzkammer München — Postscheckamt München Nr. 666),

b) für die evangelisch-lutherische Kirche in Bayern r. d. Rheins (einschl. der reformierten Kirche in Bayern r. d. Rheins ohne Ausscheidung) an die landeskirchliche Stiftungsverwaltung München (Postscheckamt München Nr. 17 442),
c) für die protestantische Landeskirche der Pfalz an die protestantische Landeskirchenkasse Speyer (Postscheckamt Ludwigshafen a. Rhein Nr. 4559),
d) für die altkatholische Kirche in Bayern an den Landessynodalrat der altkatholischen Kirche in Bayern (Postscheckamt München Nr. 45 421),
e) für die Israeliten an den Verband bayerischer israelitischer Gemeinden (Postscheckamt München Nr. 21 908).

Zu Art. 18

§ 14

Durch Art. 18 Abs. II wurde für die beteiligten Bekenntnisse die örtliche Zuständigkeit zur Entscheidung von Streitigkeiten in Bezug auf die Kirchenumlagen neu geregelt. Auf Art. 18 Abs. IV (Ausschlußfrist für den Antrag auf Entscheidung im Verwaltungsstreitverfahren) wird besonders hingewiesen.

Zu Art. 19 bis 26 (Kirchgeld)

§ 15

1. Als Einkommen im Sinne der Art. 21 und 22 gilt der Gesamtbetrag der Einkünfte, der dem Pflichtigen nach den Verhältnissen zu Beginn des Rechnungsjahres voraussichtlich im Rechnungsjahre zufließen wird. Eigenes Einkommen im Sinne des Art. 21 Abs. I Satz 2 hat der Religionsgenosse nicht, bei dem nach den Verhältnissen zu Beginn des Rechnungsjahres anzunehmen ist, daß der Gesamtbetrag seiner Einkünfte im Rechnungsjahr 130 v. H. des Betrages nicht übersteigt, den er nach seinem Familienstand im Falle der Hilfsbedürftigkeit vom zuständigen Fürsorgeverband nach den Richtsätzen der allgemeinen Fürsorge als Wohlfahrtsunterstützung in einem Jahre erhalten würde; dies gilt nicht für Personen, deren land-

und forstwirtschaftliches Vermögen, Grundvermögen und Betriebsvermögen im Sinne des Reichsbewertungsgesetzes zusammen 8000 Reichsmark übersteigt.

§ 5 Abs. 4, § 7 und § 8 Abs. 1 Ziff. 1, 3 bis 8 der Verordnung zur Durchführung des Bürgersteuergesetzes vom 17. Oktober 1934 (RGBl. I S. 987) gelten entsprechend.

2. Das höhere Kirchgeld nach Art. 22 Satz 2 muß nach dem Einkommen gestaffelt werden. Eine Staffelung nach anderen Merkmalen ist nicht zulässig. Eine solche unzulässige Staffelung liegt jedoch nicht vor, wenn bei der Einreihung der Pflichtigen in die einzelnen Einkommensgruppen der Umfang des Grundbesitzes, des gewerblichen Betriebs, der Umsatz oder ähnliche Anhaltspunkte mitberücksichtigt werden.

3. Die Einführung des Kirchgeldes bedarf eines Beschlusses der zuständigen Steuerverbandsvertretung. Soweit es den Betrag von 3 *RM* jährlich nicht überschreitet, ist eine aufsichtliche Genehmigung nicht erforderlich. Die dem Staatsministerium für Unterricht und Kultus vorbehaltene Genehmigung zur Einführung des höheren Kirchgeldes wird nur ausnahmsweise in besonders gelagerten Fällen erteilt werden.

4. Eine Mitwirkung der Finanzämter bei der Verwaltung des Kirchgeldes findet nicht statt.

Zu Art. 27

§ 16

Die Ausscheidung eines Teiles des Aufkommens an der Einheitsumlage auf die Religionsgemeinden bleibt kirchlicher Regelung überlassen.

Das gleiche gilt für die Ausscheidung der Umlagen des bayerischen Diözesangesamtverbandes auf die einzelnen Diözesen.

Ein Anspruch auf Zuweisung eines Anteils aus dem Aufkommen an der Einheitsumlage besteht nicht.

Zu Art. 29

§ 17

1. Nach § 6 der Reichsabgabenordnung gelten deren Vorschriften über die Erhebung und Beitreibung für die Kirchensteuer insoweit, als diese von den Finanzämtern verwaltet und beigetrieben wird. Nach § 8 Abs. 1 der Reichsabgabenordnung gelten auch deren Vorschriften über das Steuergeheimnis und die Ersatzpflicht für die Kirchensteuern. Darüber hinaus sind in Art. 29 eine Reihe weiterer Vorschriften der Reichsabgabenordnung und des Steueranpassungsgesetzes für entsprechend anwendbar erklärt. Dabei handelt es sich insbesondere um die Begriffsbestimmung des Steuerpflichtigen, Vertretungs- und Vollmachtverhältnisse, Entstehung der Steuerschuld, gesamtschuldnerische Haftung, Übergang der Steuerschuld auf Rechtsnachfolger und Erben, Steuerbefreiungen nach völkerrechtlichen Grundsätzen oder nach Vereinbarungen mit anderen Staaten, die Begriffe Wohnsitz, gewöhnlicher Aufenthalt und Betriebsstätte.

2. Für entsprechend anwendbar erklärt sind auch die Bestimmungen des Steuersäumnisgesetzes.

Zu Art. 30

§ 18

Die Anzeige ist bis 1. Juli jedes Jahres unmittelbar an des Staatsministerium für Unterricht und Kultus zu erstatten.

Zu Art. 32

§ 19

Art. 32 bezeichnet die Bestimmungen des religionsgesellschaftlichen Steuergesetzes, die für die Bekenntnisse noch Anwendung finden, für die das Kirchensteuergesetz gilt. Für diese Bekenntnisse treten außer Kraft die Bekanntmachungen vom 10. Oktober 1923 (KMBl. S. 130), 17. Juni 1927 (GVBl. S. 224) und vom 2. Dezember 1927 (GVBl. S. 358).

München, den 24. Mai 1935.

J. V. Dr. **Boepple**. J. A. Dr. **Neumaier**.

Anhang.

a) Gesetz über die Kirchensteuer für 1934.

Vom 27. März 1934 (GVBl. S. 231).

Das Bayerische Gesamtministerium hat als Landesregierung auf Grund der §§ 1 und 3 der Ersten Verordnung über den Neuaufbau des Reichs vom 2. Februar 1934 (RGBl. I S. 81) folgendes Gesetz beschlossen:

Für das Rechnungsjahr 1934/35 wird unter teilweiser Abweichung von den Vorschriften des religionsgesellschaftlichen Steuergesetzes vom $\frac{\text{27. Juni 1927}}{\text{1. August 1923}}$ (GVBl. S. $\frac{351}{223}$) die Erhebung der Kirchensteuern für jene Bekenntnisse, die im Rechnungsjahr 1933/34 religionsgesellschaftliche Umlagen erhoben haben, in folgender Weise geregelt.

I. Kirchenumlagen im allgemeinen.

Art. 1.

Die religionsgesellschaftlichen und religionsgemeindlichen Umlagen einschließlich der Bauumlagen werden in einem Betrage mit einem Einheitssatz aus den Maßstabsteuern des Art. 5 des religionsgesellschaftlichen Steuergesetzes erhoben, wobei die Steuer vom Gewerbebetrieb im Umherziehen außer Ansatz bleibt. Dabei werden die nach Art. 8 dieses Gesetzes umlagenpflichtigen juristischen Personen und nichtrechtsfähigen Vereine mit einem Einheitssatze von zehn vom Hundert herangezogen.

Art. 2.

I Die Kirchenumlagen aus der Grundsteuer und Haussteuer sind von den Gemeindebehörden einzuheben und an die beteiligten Religionsgesellschaften abzuliefern. Für die Beitreibung und Niederschlagung dieser Kirchenumlagen gelten die Bestimmungen in Art. 15 und 16 Abs. I des Gemeindeabgabengesetzes entsprechend. Die Gemeinden sind berechtigt, von jeder Ablieferung drei vom Hundert zur Deckung des Sachbedarfes einzubehalten. Im linksrheinischen Bayern gelten als Gemeindebehörden in diesem Sinne für ihre Bezirke die Steuer- und Gemeindeeinnehmereien.

II Die Kirchenumlagen aus den sonstigen Maßstabsteuern werden von den Finanzämtern vorbehaltlich der Vorschriften in Abschnitt II verwaltet. Beträgt dabei die Jahresschuld an Kirchenumlage aus der einzelnen Maßstabsteuer weniger als eine Reichsmark, so bleibt die Kirchenumlage unerhoben.

II. Kirchenumlagen der Lohnsteuerpflichtigen.

Art. 3.

I Bei Umlagenpflichtigen, die dem Steuerabzug vom Arbeitslohn unterliegen (§ 69 ff. des Einkommensteuergesetzes), wird die Kirchenumlage aus der Einkommensteuer vom Lohneinkommen nach dem Einheitssatze durch Zuschlag zu der vom Arbeitgeber einzubehaltenden Lohnsteuer erhoben. Der Abzug der Kirchenumlage ist vom Arbeitgeber bei jeder einzelnen Lohnzahlung vorzunehmen.

II Der sich ergebende Umlagenbetrag ist auf den nächsten vollen Reichspfennig nach unten abzurunden. Beträgt der bei der Lohnzahlung sich errechnende Umlagenbetrag für den Pflichtigen weniger als fünf Reichspfennige, so unterbleibt der Abzug.

Art. 4.

I Soweit der Arbeitgeber die Lohnsteuer im Überweisungsverfahren abzuführen hat (§ 44 ff. der Durchführungsbestimmungen über den Steuerabzug vom Arbeitslohn vom 9. Juni 1933), ist die einbehaltene Kirchenumlage zum gleichen Zeitpunkt wie die Lohnsteuer an das für den Arbeitgeber zuständige Finanzamt bar oder durch Überweisung abzuliefern.

II Soweit der Arbeitgeber die Lohnsteuer im Markenverfahren abzuführen hat (§ 51 ff. dieser Durchführungsbestimmungen), ist unbeschadet abweichender Bestimmung der Vollzugsvorschriften die einbehaltene Kirchenumlage durch Verwendung von Kirchensteuermarken zu entrichten.

Art. 5.

Die Verpflichtung zur Einbehaltung der Kirchenumlage gilt nicht für Arbeitgeber, in deren Betrieb die Lohnsteuerberechnung und die Führung des Lohnkontos von einer außerhalb Bayerns gelegenen Betriebsstätte oder Dienststelle vorgenommen wird. Die Heranziehung der bei solchen Arbeitgebern beschäftigten Lohnsteuerpflichtigen zur Kirchenumlage bleibt den Religionsgesellschaften überlassen. Ferner erstreckt sich der Abzug der Kirchenumlage nicht auf Arbeitnehmer, die außerhalb Bayerns ihren Wohnsitz oder ihren gewöhnlichen Aufenthalt haben.

Art. 6.

Von Umlagenpflichtigen, die dem Steuerabzug vom Arbeitslohn unterliegen und außerdem zur Einkommensteuer veranlagt werden (§ 89 ff. des Einkommensteuergesetzes), wird die Kirchenumlage sowohl auf Grund der Lohnsteuer durch Abzug nach Art. 3 und 4 als auch auf Grund der veranlagten Einkommensteuer abzüglich der Lohnsteuer durch das Finanzamt erhoben.

Art. 7.

Umlagenberechtigt aus der einbehaltenen Lohnsteuer ist die Religionsgesellschaft, der der Arbeitgeber angehört, ohne Rücksicht auf das Bekenntnis seines Ehegatten und seiner wirtschaftlich unselbständigen Kinder.

Art. 8.

Soweit die Kirchenumlage durch einen Zuschlag zur Lohnsteuer erhoben wird, haftet der Arbeitgeber für die von ihm einzubehaltenden Beträge und für ihre ordnungsmäßige Abführung neben dem Arbeitnehmer. Die Haftung des Arbeitnehmers beschränkt sich auf die Fälle des § 43 Abs. II der angeführten Durchführungsbestimmungen.

III. Kirchlicher Finanzausgleich.

Art. 9.

Die Verteilung des Aufkommens an Kirchenumlagen nach Abschnitt I und II zwischen den Religionsgesellschaften und Religionsgemeinden bleibt den Religionsgesellschaften überlassen. Den Religionsgemeinden steht ein Beschwerderecht gegen die Verteilung nicht zu.

IV. Kirchgeld.

Art. 10.

Außer den Kirchenumlagen nach Abschnitt I und II können die Religionsgesellschaften und Religionsgemeinden des öffentlichen Rechtes für ihre Zwecke in eigener Verwaltung ein Kirchgeld nach Maßgabe der folgenden Bestimmungen erheben.

Art. 11.

Das Kirchgeld ist entweder als religionsgesellschaftliche oder als religionsgemeindliche Abgabe zu erheben. Die Bestimmung hierüber ist durch die Religionsgesellschaft oder den ihr gleichgestellten Verband zu treffen. Dabei kann auch vorgesehen werden, daß von dem religionsgesellschaftlichen Kirchgelde Teilbeträge an die religionsgemeindlichen Steuerverbände überwiesen werden. Die Erhebung des Kirchgeldes als religionsgesellschaftliche Abgabe bedarf der Genehmigung des Staatsministeriums für Unterricht und Kultus.

Art. 12.

I Das Kirchgeld wird für das Rechnungsjahr von allen über 21 Jahre alten Bekenntnisgenossen mit eigenem Einkommen erhoben, die in dem Bezirke des Steuerverbandes ihren Wohnsitz oder ihren gewöhnlichen Aufenthalt haben. Als eigenes Einkommen gilt auch der Unterhalt bei Tätigkeit im Haushalte oder Betriebe desjenigen, der den Unterhalt gewährt.

II Wenn das Kirchgeld als religionsgemeindliche Abgabe erhoben wird und der Pflichtige in Bayern einen mehrfachen Wohnsitz hat, so ist derjenige religionsgemeindliche Steuerverband abgabeberechtigt, in dessen Bezirk sich der Pflichtige vorwiegend aufhält.

Art. 13.

Das Kirchgeld ist in Form einer für alle Pflichtigen gleichen Abgabe zu erheben; es darf den Betrag von 3 Reichsmark nicht übersteigen. In besonderen Fällen kann ausnahmsweise mit Genehmigung des Staatsministeriums für Unterricht und Kultus ein höheres nach dem Einkommen zu staffelndes Kirchgeld bis zum Höchstbetrage von 30 Reichsmark erhoben werden.

Art. 14.

Von der Verpflichtung zur Entrichtung des Kirchgeldes sind befreit:

1. Personen, die Arbeitslosen- oder Krisenunterstützung nach Maßgabe des Gesetzes über Arbeitslosenvermittlung und Arbeitslosenversicherung beziehen oder die laufend öffentliche Fürsorge genießen,
2. Ehefrauen, die nicht dauernd von ihrem Ehemann getrennt leben,
3. Personen, die noch in der Berufsausbildung stehen.

Art. 15.

Das Kirchgeld ist auch bei gemischten Ehen in voller Höhe vom Ehemann und zwar an den religionsgesellschaftlichen oder religionsgemeindlichen Steuerverband seines Bekenntnisses zu entrichten.

Art. 16.

I Maßgebend für die Abgabepflicht und die Abgabeberechtigung sind die Verhältnisse bei Beginn des Rechnungsjahres; nachträgliche Änderungen während des Rechnungsjahres bleiben unberücksichtigt.

II Den Zeitpunkt der Fälligkeit bestimmt die Vertretung des Steuerverbandes.

V. Schlußbestimmungen.

Art. 17.

Die Begriffe Wohnsitz und gewöhnlicher Aufenthalt sind im Sinne der §§ 80 Abs. 1 und 81 der Reichsabgabenordnung zu verstehen.

Art. 18.

Auf die Erhebung der Kirchenumlagen und des Kirchgeldes finden die Vorschriften des religionsgesellschaftlichen Steuergesetzes und der auf Grund dessen erlassenen kirchlichen Satzungen Anwendung, soweit in diesem Gesetze nichts anderes bestimmt ist.

Art. 19.

I Dieses Gesetz tritt am 1. April 1934 in Kraft.

II Das Staatsministerium für Unterricht und Kultus erläßt im Benehmen mit den Staatsministerien der Finanzen und des Innern die zum Vollzuge erforderlichen Vorschriften.

München, den 20. März 1934.

Ludwig Siebert. J. V. Dr. **Kollmann. Hermann Esser.**
Dr. **Hans Frank. H. Schemm.**

Die Reichsminister des Innern und der Finanzen haben dem vorstehenden Gesetz zugestimmt. Im Namen des Reiches fertige ich hiermit das Gesetz aus und verkünde es.

München, den 27. März 1934.

Franz von Epp, Reichsstatthalter in Bayern.

b) Religionsgesellschaftliches Steuergesetz

i. d. F. vom 1. August 1923 und 27. August 1927

(GVBl. 1923 S. 351, 1927 S. 223.)

Art. 1.

Die Religionsgesellschaften und Religionsgemeinden (Pfarr-, Mutter- und Tochtergemeinden) des öffentlichen Rechtes sind befugt, für ihre Zwecke gleichmäßige Zuschläge (Umlagen) zu den Reichs- und Landessteuern nach Maßgabe der folgenden Bestimmungen zu erheben.

Art. 2.

I Die unter Art. 1 fallenden Religionsgesellschaften — in der katholischen Kirche die Diözesen — und Religionsgemeinden (Pfarr-, Mutter- und Tochtergemeinden) bilden Steuerverbände.

II Änderungen des Gebietes religionsgemeindlicher Steuerverbände sind der den beteiligten Steuerverbänden gemeinsamen Regierung, Kammer des Innern, sonst dem Staatsministerium für Unterricht und Kultus anzuzeigen und erlangen Wirksamkeit, wenn Erinnerungen nicht binnen zwei Monaten erhoben oder wenn sie als behoben erklärt sind.

Art. 3.

I Jeder Steuerverband muß eine Vertretung haben.

II Ihre Zusammensetzung, Berufung oder Wahl, Ersetzung und Austritt ihrer Mitglieder, dann ihr Geschäftsgang sind durch eine Satzung zu ordnen, deren Erlassung den Religionsgesellschaften oder Religionsgemeinden öffentlichen Rechtes nach Maßgabe ihrer eigenen Verfassung überlassen wird; Religionsgemeinden, die keiner Religionsgesellschaft, jedoch einem Verbande von Religionsgemeinden öffentlichen Rechtes angehören, können die Aufstellung einer gemeinsamen Satzung ihrem Verbande übertragen. In der Satzung muß folgenden Mindestforderungen genügt werden:

1. Jede Steuerverbandsvertretung muß einen Vorsitzenden und mindestens zwei weitere Mitglieder

haben; sie müssen sämtlich deutsche Reichsangehörige sein, das 25. Lebensjahr zurückgelegt haben und — mit Ausnahme des Vorsitzenden — im Steuerverbande wohnen und umlagenpflichtig sein.

2. Ihre Beschlußfähigkeit muß von der gehörigen Ladung aller im Steuerverbandbezirk anwesenden Mitglieder abhängig gemacht sein.

3. Über ihre Beschlüsse muß eine fortlaufende Niederschrift geführt werden, die vom Vorsitzenden und einem weiteren Mitgliede zu unterzeichnen ist und die erforderlichen Feststellungen zur Beurteilung der Beschlußfähigkeit sowie das Ergebnis der Abstimmung zu enthalten hat.

4. Für die Entscheidung von Streitigkeiten über den Vollzug der Satzung muß ein geordnetes Verfahren vorgesehen werden.

III Die von Religionsgesellschaften oder von einem Verbande von Religionsgemeinden erlassenen Satzungen sind dem Staatsministerium für Unterricht und Kultus, die von einzelnen Religionsgemeinden erlassenen Satzungen sind der Staatsaufsichtsbehörde des Steuerverbandsitzes zur Prüfung vorzulegen. Wenn Erinnerungen binnen 2 Monaten nicht erhoben oder wenn sie als behoben erklärt sind, gelten die Satzungen als vollziehbar und sind sodann in geeigneter Weise zu veröffentlichen.

IV Für Änderungen solcher Satzungen gelten vorstehende Bestimmungen entsprechend.

Art. 4.

Der religionsgesellschaftlichen oder religionsgemeindlichen Steuerverbandvertretung obliegt vor allem

1. die Sorge für die Vorbereitung der Beratung und Beschlußfassung über den Voranschlag der jährlichen Einnahmen und Ausgaben und über die Deckung eines allenfallsigen außerordentlichen Bedarfes;

2. die Beratung und Beschlußfassung über die Festsetzung des ordentlichen und außerordentlichen Bedarfes und damit über die Deckung der Fehlbeträge sowie über die Prüfung und Verbescheidung der Rechnungen mit Belegen;

3. die Sorge für den Vollzug aller Beschlüsse, für ein geordnetes Kassen- und Rechnungswesen sowie für dessen hinreichende Überwachung.

Art. 12.

III a Wenn ein religionsgemeindlicher Steuerverband innerhalb der ihm von seiner Religionsgesellschaft gesetzten Frist es unterläßt, gesetzlich oder nach religionsgesellschaftlicher Satzung notwendige Ausgaben in den Voranschlag aufzunehmen oder erforderlichenfalls außerordentlich zu genehmigen, so kann ihn seine Religionsgesellschaft unter Angabe der einschlägigen gesetzlichen oder satzungsmäßigen Bestimmungen auffordern, binnen angemessener Frist die zur Erfüllung seiner Verpflichtungen erforderlichen Beschlüsse zu fassen.

Bestreitet er innerhalb der vorgesetzten Frist die gesetzliche oder satzungsmäßige Notwendigkeit, den Umfang oder die Art der Leistung, so hat die Religionsgesellschaft hierüber in einem geordneten Verfahren, für dessen Regelung Art. 3 Abs. III und IV entsprechend gelten, zu entscheiden. Wenn die endgültig festgestellte Verpflichtung innerhalb einer angemessenen Frist nicht erfüllt wird, so kann die Religionsgesellschaft die gebotenen Maßnahmen treffen, insbesondere die etwa erforderlichen Kirchensteuern anordnen und ihre Erhebung auf Kosten des religionsgemeindlichen Steuerverbandes veranlassen; diese Bestimmung ist auch anwendbar, wenn es sich um Ausgaben handelt, zu deren Deckung ein religionsgemeindlicher Steuerverband auf Grund rechtskräftiger öffentlich- oder bürgerlichrechtlicher Entscheidung verpflichtet ist.

Art. 18.

I Unbeschadet ihres Einzelfortbestandes kann Vereinigungen von Religionsgesellschaften öffentlichen Rechtes zu einem weiteren religionsgesellschaftlichen Verbande, dann Vereinigungen von Religionsgemeinden öffentlichen Rechtes oder Teilen solcher Religionsgemeinden zu einem weiteren religionsgemeindlichen Verbande auf Antrag vom Staatsministerium für Unterricht und Kultus die Eigenschaft eines religionsgesellschaftlichen oder eines religionsgemeindlichen Steuerverbandes nach Art. 2 des Gesetzes und zwar mit allgemeiner oder beschränkter Umlagengemeinschaft verliehen werden.

II Die bisherigen Gesamtkirchengemeinden und ortskirchlichen Konkurrenzverbände gelten als Steuerverbände.

III Die übrigen Bestimmungen dieses Gesetzes kommen in den Fällen des Abs. I und II entsprechend zur Anwendung. Für den Vollzug des Art. 5 Abs. II gelten Umlagen eines Landesverbandes von Religionsgemeinden öffentlichen Rechtes, die keiner Religionsgesellschaft öffentlichen Rechtes angehören, als religionsgesellschaftliche Umlagen.

IV Dem Staatsministerium für Unterricht und Kultus bleibt vorbehalten, in besonderen Fällen die Befugnisse der Staatsaufsichtsbehörden (Art. 3 Abs. III) auch gegenüber religionsgemeindlichen Steuerverbänden selbst wahrzunehmen oder einer Regierung zu überweisen.

Art. 19.

Ob und wieweit die Vorschriften dieses Gesetzes auf Religionsgemeinden öffentlichen Rechtes anzuwenden sind, zu denen auch nichtbayerische Gebiete gehören, bemißt sich nach den Staatsverträgen und den besonderen Rechtsverhältnissen. Abweichende Regelung nach Einvernahme der Beteiligten bleibt vorbehalten.

c) Reichsabgabenordnung

vom 22. Mai 1931 (RGBl. I S. 161).

§ 1

(1) Steuern sind einmalige oder laufende Geldleistungen, die nicht eine Gegenleistung für eine besondere Leistung darstellen und von einem öffentlich-rechtlichen Gemeinwesen zur Erzielung von Einkünften allen auferlegt werden, bei denen der Tatbestand zutrifft, an den das Gesetz die Leistungspflicht knüpft.

§ 6

..... für die Steuern der Religionsgesellschaften des öffentlichen Rechts gelten die Vorschriften der Reichsabgabenordnung über die Erhebung und Beitreibung insoweit, als die Steuern von den Finanzämtern erhoben und beigetrieben werden.

§ 8

(1) Die in § 1 Absatz 1 enthaltenen Begriffsbestimmungen und die Vorschriften über das Steuergeheimnis und die Ersatzpflicht gelten für alle Steuern ...... der Religionsgesellschaften des öffentlichen Rechts.

§ 97 (§ 79)

(1) Steuerpflichtiger im Sinn der Reichsabgabenordnung ist, wer nach den Steuergesetzen eine Steuer als Steuerschuldner zu entrichten hat.

(2) Die Vorschriften für die Steuerpflichtigen gelten sinngemäß für die, die nach den Steuergesetzen neben den Steuerpflichtigen oder an deren Stelle persönlich für die Steuer haften.

§ 103 (§ 84)

Die gesetzlichen Vertreter juristischer Personen und solcher Personen, die geschäftsunfähig oder in der Geschäftsfähigkeit beschränkt sind, haben alle Pflichten zu erfüllen, die den Personen, die sie vertreten, obliegen; insbesondere haben sie dafür zu sorgen, daß die Steuern aus den Mitteln, die sie verwalten, entrichtet werden. Für Zwangsgeldstrafen und Sicherungsgelder, die gegen sie erkannt, und für Kosten von Zwangsmitteln, die gegen sie festgesetzt werden, haften neben ihnen die von ihnen vertretenen Personen.

§ 104 (§ 85)

Steht eine Vermögensverwaltung nach Gesetz, Anordnung der Behörde oder letztwilliger Verfügung anderen Personen zu als den Eigentümern oder deren gesetzlichen Vertretern, so haben sie, soweit ihre Verwaltung reicht, die gleiche Pflicht (§ 103).

§ 105 (§ 86)

(1) Bei Personenvereinigungen, die als solche steuerpflichtig sind, aber keine eigene Rechtspersönlichkeit besitzen, haben die Vorstände oder Geschäftsführer und, soweit solche nicht vorhanden sind, die Mitglieder die Pflichten zu erfüllen, die den Personenvereinigungen wegen

der Besteuerung auferlegt sind. Die §§ 103 und 104 gelten entsprechend.

(2) Das gleiche gilt für Zweckvermögen und sonstige einer juristischen Person ähnliche Gebilde, die als solche der Besteuerung unterliegen.

(3) Entstehen dadurch Schwierigkeiten, daß es in den Fällen der ersten beiden Absätze an Vorständen oder Geschäftsführern fehlt und Beteiligte in größerer Zahl vorhanden sind, so haben die Beteiligten einen oder mehrere Bevollmächtigte im Inland zu stellen. Unterlassen sie dies, so kann das Finanzamt einen oder einzelne Beteiligte als Bevollmächtigte mit Wirkung für die Gesamtheit behandeln.

§ 106 (§ 87)

(1) Bei Wegfall eines Steuerpflichtigen (Tod, Auflösung einer juristischen Person, einer Personenvereinigung oder eines Zweckvermögens) haben die Rechtsnachfolger, Testamentsvollstrecker, Erbschaftsbesitzer (§ 2018 des Bürgerlichen Gesetzbuchs), Pfleger, Liquidatoren, Verwalter und die Bevollmächtigten dieser Personen dafür zu sorgen, daß Mittel zur Bezahlung der vorher entstandenen Steuerschulden zurückgehalten und diese Steuerschulden bezahlt werden. Auf Verlangen ist aus dem Nachlaß oder der Masse Sicherheit zu leisten.

(2) Die gleichen Pflichten haben wegen der Steuern, die aus einem Nachlaß zu entrichten sind, die Erben, Testamentsvollstrecker, Erbschaftsbesitzer, Pfleger, Verwalter und die Bevollmächtigten dieser Personen.

(3) Ist zweifelhaft, wer zur Vertretung eines Nachlasses oder eines sonst verbleibenden Vermögens befugt ist, so hat das Nachlaßgericht und beim Wegfall einer juristischen Person oder eines dieser ähnlichen Gebildes das Amtsgericht des nach § 73 a zuständigen Orts auf Antrag des Finanzamts einen Pfleger für den Nachlaß oder die sonstige Masse zu bestellen; der Pfleger hat die Stellung eines Nachlaßpflegers im Sinn des § 1961 des Bürgerlichen Gesetzbuchs. Die Steueransprüche können gegen ihn geltend gemacht werden, und er ist befugt, Rechtsmittel gegen die Heranziehung einzulegen.

§ 107 (§ 88)

(1) Wer durch Abwesenheit oder sonst verhindert ist, Pflichten zu erfüllen, die ihm im Interesse der Besteuerung obliegen, oder Rechte wahrzunehmen, die ihm nach den Steuergesetzen zustehen, kann dies durch Bevollmächtigte tun.

(2) Bevollmächtigte, die aus der Erteilung von Rat und Hilfe in Steuersachen ein Geschäft machen oder denen die Fähigkeit zum geeigneten schriftlichen oder mündlichen Vortrag mangelt, können zurückgewiesen werden.

(3) Der Absatz 2 gilt nicht:

1. für Rechtsanwälte oder Notare;
2. für Personen, die von einem Landesfinanzamt zugelassen worden sind; das Landesfinanzamt kann die Zulassung jederzeit zurücknehmen; weder die Verwaltungsgerichte (insbesondere die Finanzgerichte und der Reichsfinanzhof) noch die ordentlichen Gerichte sind zu einer Nachprüfung befugt, ob die Zurücknahme zulässig war.

(4) Die Finanzämter können auch sonst Bevollmächtigte zulassen. Es bleibt ihnen aber unbenommen, sich neben dem Bevollmächtigten an den Steuerpflichtigen selbst zu wenden.

(5) Der Steuerpflichtige kann sich in jeder Lage des Verfahrens eines Beistands bedienen. Auf den Beistand finden die Vorschriften der Absätze 2 und 3 Anwendung.

(6) Hat eine Steuerverwaltungsbehörde, ein Finanzgericht (der Vorsitzende eines Finanzgerichts) oder der Reichsfinanzhof (der Vorsitzende eines Senats) jemanden als Bevollmächtigten oder als Beistand zurückgewiesen, so ist das, was der Zurückgewiesene trotz der Zurückweisung schriftlich oder mündlich in Sachen eines anderen vorbringt, ohne steuerrechtliche Wirkung.

(7) Gegen eine Zurückweisung, die von einem Finanzamt oder Landesfinanzamt verfügt wird, ist lediglich die Beschwerde, gegen eine Zurückweisung, die von einem Finanzgericht (dem Vorsitzenden eines Finanzgerichts) oder von dem Reichsfinanzhof (dem Vorsitzenden eines

Senats) oder von dem Reichsminister der Finanzen ausgesprochen wird, ist ein Rechtsmittel oder ein sonstiger Rechtsbehelf nicht gegeben. Die ordentlichen Gerichte sind nicht zur Nachprüfung befugt, ob eine Zurückweisung zulässig war; das gleiche gilt für die Finanzgerichte und den Reichsfinanzhof, soweit es sich nicht um Zurückweisungen handelt, die sie selbst ausgesprochen haben.

(3) Eine Vereinbarung, durch die das Entgelt für die Tätigkeit eines Vertreters oder Beistands ein Teil an der von ihm zu erzielenden Steuerermäßigung oder Steuerersparung ausbedungen wird, ist nichtig.

§ 108 (§ 89)

Wer als Bevollmächtigter oder als Verfügungsberechtigter auftritt, hat die Pflichten eines gesetzlichen Vertreters (§ 103). Für Zwangsgeldstrafen und Sicherungsgelder, die gegen ihn erkannt, und für Kosten von Zwangsmitteln, die gegen ihn festgesetzt werden, haftet neben ihm der Vertretene.

§ 109 (§ 90)

(1) Die Vertreter und die übrigen in den §§ 103 bis 108 bezeichneten Personen haften insoweit persönlich neben dem Steuerpflichtigen, als durch schuldhafte Verletzung der ihnen in den §§ 103 bis 108 auferlegten Pflichten Steueransprüche verkürzt oder Erstattungen oder Vergütungen zu Unrecht gewährt worden sind.

(2) Rechtsanwälte sind wegen Handlungen, die sie in Ausübung ihres Berufs bei der Beratung in Steuersachen vorgenommen haben, dem Reich gegenüber nur dann schadenersatzpflichtig, wenn diese Handlungen eine Verletzung ihrer Berufspflicht enthalten. Ob eine solche Verletzung der Berufspflicht vorliegt, wird auf Antrag des Landesfinanzamts im ehrengerichtlichen Verfahren entschieden.

§ 110 (§ 91)

Das Erlöschen der Vertretungsmacht oder der Vollmacht läßt die Pflichten der Vertreter und Bevollmächtigten unberührt, soweit es sich um die vergangene Zeit handelt.

§ 118 (§ 98)

Das Finanzamt, das die Steuerschuld des Steuerpflichtigen festzusetzen hat, ist befugt, die Vertreter und Bevollmächtigten und die übrigen in den §§ 103 bis 108 bezeichneten Personen zur Erfüllung der ihnen obliegenden Verpflichtung anzuhalten und diejenigen, die neben dem Steuerpflichtigen oder an dessen Stelle persönlich für die Steuer haften (§ 97 Absatz 2), in Anspruch zu nehmen.

§ 119 (§ 99)

(1) Wer neben dem Steuerpflichtigen oder an dessen Stelle persönlich auf Zahlung einer Steuer in Anspruch genommen wird (§ 97 Absatz 2), kann gegen seine Heranziehung die Rechtsmittel geltend machen, die dem Steuerpflichtigen zustehen. Die Frist zur Einlegung des Rechtsmittels beginnt mit Ablauf des Tags, an dem ihm der Beschluß über seine Heranziehung zugestellt oder, wenn keine Zustellung vorgeschrieben ist, bekanntgemacht worden ist.

(2) Ist die Steuerschuld dem Steuerpflichtigen gegenüber unanfechtbar festgestellt, so hat dies gegen sich gelten zu lassen, wer als Rechtsnachfolger des Steuerpflichtigen haftet oder wer in der Lage gewesen wäre, den gegen den Steuerpflichtigen erlassenen Bescheid als dessen Vertreter, Bevollmächtigter oder kraft eigenen Rechts anzufechten.

§ 120 (§ 100)

(1) Wenn jemand außer in den Fällen der §§ 103 bis 116 nach den Vorschriften des bürgerlichen Rechts kraft Gesetzes verpflichtet ist, die Verbindlichkeiten eines anderen zu erfüllen oder wegen solcher Verbindlichkeiten die Zwangsvollstreckung in ein Vermögen zu dulden, das seiner Verwaltung unterliegt, so gilt diese Verpflichtung auch für die Steuerschulden des anderen. Soweit der § 330 nichts anderes vorschreibt, gelten die Vorschriften des bürgerlichen Rechts.

(2) Hat sich jemand durch Vertrag verpflichtet, eine Steuerschuld eines anderen zu bezahlen oder dafür einzustehen, so ist der Anspruch des Reichs nach den Vorschriften der bürgerlichen Rechts zu verfolgen.

d) Steueranpassungsgesetz

vom 16. Oktober 1934 (RGBl. I S. 925).

Unterabschnitt 3: Steuerschuld

§ 3

(1) Die Steuerschuld entsteht, sobald der Tatbestand verwirklicht ist, an den das Gesetz die Steuer knüpft.

(2) Auf die Entstehung der Steuerschuld ist es ohne Einfluß, ob und wann die Steuer festgesetzt wird und wann die Steuer zu entrichten (wann sie fällig) ist.

(3) Die Absätze 1 und 2 gelten sinngemäß für andere Leistungen, die auf Grund der Steuergesetze geschuldet werden.

§ 7

(1) Personen, die nebeneinander für eine Steuerschuld oder für eine andere aus den Steuergesetzen entspringende Geldschuld haften, sind Gesamtschuldner.

(3) Dem Finanzamt steht es frei, an welchen Gesamtschuldner es sich halten will. Es kann den geschuldeten Betrag von jedem Gesamtschuldner ganz oder zu einem Teil fordern. Bis zur Entrichtung des ganzen Betrags bleiben alle Gesamtschuldner verpflichtet.

§ 8

(1) Bei Gesamtrechtsnachfolge (zum Beispiel bei Erbfolge oder bei Verschmelzung von Gesellschaften) geht die Steuerschuld des Rechtsvorgängers auf den Rechtsnachfolger über.

(2) Erben haften für die aus dem Nachlaß zu entrichtenden Steuern wie für die Nachlaßverbindlichkeiten nach bürgerlichem Recht. Die §§ 105, 106, 109 und 117 der Reichsabgabenordnung und Sondervorschriften, die in Steuergesetzen enthalten sind, bleiben unberührt.

Unterabschnitt 4: Steuerbefreiung

§ 9

Von den Steuern und Einkommen und vom Vermögen sind Personen, Personenvereinigungen, Körperschaften und

Vermögensmassen insoweit befreit, als ihnen ein Anspruch auf Befreiung von diesen Steuern zusteht

1. nach allgemeinen völkerrechtlichen Grundsätzen unter Wahrung der Gegenseitigkeit oder
2. nach besonderer Vereinbarung mit anderen Staaten.

Unterabschnitt 7: Wohnsitz. Gewöhnlicher Aufenthalt.

§ 13

Einen Wohnsitz im Sinne der Steuergesetze hat jemand dort, wo er eine Wohnung innehat unter Umständen, die darauf schließen lassen, daß er die Wohnung beibehalten und benutzen wird.

§ 14

(1) Den gewöhnlichen Aufenthalt im Sinn der Steuergesetze hat jemand dort, wo er sich unter Umständen aufhält, die erkennen lassen, daß er an diesem Ort oder in diesem Land nicht nur vorübergehend weilt. Unbeschränkte Steuerpflicht tritt jedoch stets dann ein, wenn der Aufenthalt im Inland länger als sechs Monate dauert. In diesem Fall erstreckt sich die Steuerpflicht auch auf die ersten sechs Monate.

§ 16

(1) Betriebsstätte im Sinn der Steuergesetze ist jede feste örtliche Anlage oder Einrichtung, die der Ausübung des Betriebs eines stehenden Gewerbes dient.

(2) Als Betriebsstätten gelten:

1. die Stätte, an der sich die Geschäftsleitung befindet;
2. Zweigniederlassungen, Fabrikationsstätten, Warenlager, Ein- und Verkaufsstellen, Landungsbrücken (Anlegestellen von Schiffahrtsgesellschaften), Kontore und sonstige Geschäftseinrichtungen, die dem Unternehmer (Mitunternehmer) oder seinem ständigen Vertreter (zum Beispiel einem Prokuristen) zur Ausübung des Gewerbes dienen;
3. Bauausführungen, deren Dauer zwölf Monate überstiegen hat oder voraussichtlich übersteigen wird.

(3) Ein Eisenbahnunternehmen hat eine Betriebsstätte nur in den Gemeinden, in denen sich der Sitz der Ver-

waltung, eine Station oder eine für sich bestehende Betriebs- oder Werkstätte oder eine sonstige gewerbliche Anlage befindet, ein Bergbauunternehmen nur in den Gemeinden, in denen sich oberirdische Anlagen befinden, in welchen eine gewerbliche Tätigkeit entfaltet wird.

(4) Ein Unternehmen, das der Versorgung mit Gas, Wasser, Elektrizität oder Wärme dient, hat keine Betriebsstätte in den Gemeinden, durch die nur eine Zuleitung geführt, in denen aber Gas, Wasser, Elektrizität oder Wärme nicht abgegeben wird.

e) Lohnsteuerdurchführungsverordnung

vom 29. November 1934 (Reichssteuerblatt S. 1489).

§ 28

Der Arbeitgeber darf die Änderungen und Ergänzungen der Steuerkarte bei der Berechnung der Lohnsteuer erst bei den Lohnzahlungen berücksichtigen, die er nach Vorlage der geänderten oder ergänzten Steuerkarte leistet.

§ 30

(1) Der Arbeitgeber hat die Lohnsteuer für Rechnung des Arbeitnehmers bei der Lohnzahlung einzubehalten. Lohnzahlungen sind auch Vorschuß- oder Abschlagszahlungen oder sonstige vorläufige Zahlungen auf erst später fällig werdenden Arbeitslohn.

(2) Reichen die dem Arbeitgeber zur Verfügung stehenden Mittel zur Zahlung des vollen vereinbarten Arbeitslohns nicht aus, so hat er die Lohnsteuer von dem tatsächlich zur Auszahlung gelangenden niedrigeren Betrag zu berechnen und einzubehalten.

(3) Besteht der Arbeitslohn ganz oder teilweise aus Sachbezügen, und reicht der Barlohn zur Deckung der unter Berücksichtigung des Werts der Sachbezüge (§ 3) einzubehaltenden Lohnsteuer nicht aus, so hat der Arbeitnehmer dem Arbeitgeber den zur Deckung der Lohnsteuer erforderlichen Betrag, soweit er nicht durch Barlohn ge-

deckt ist, zu zahlen. Soweit der Arbeitnehmer dieser Verpflichtung nicht nachkommt, hat der Arbeitgeber einen dem Betrag im Wert entsprechenden Teil des Arbeitslohns (der Sachbezüge) nach seinem Ermessen zurückzubehalten und daraus die Lohnsteuer für Rechnung des Arbeitnehmers zu decken.

(4) Der Lohnabzug darf auf Grund eines Doppelbesteuerungsvertrags nur unterbleiben, wenn das Finanzamt, an das die Lohnsteuer abzuführen wäre (§ 41), bescheinigt, daß der Empfänger der Einkünfte der Lohnsteuer nicht unterliegt.

§ 31

Der Arbeitgeber hat für jeden Arbeitnehmer ein Lohnkonto zu führen. Dabei hat der Arbeitgeber bezüglich des Arbeitnehmers folgendes anzugeben: Name, Beruf, Familienstand, Wohnort, Wohnung, Religion, Nummer der Steuerkarte, besonders festgesetzten steuerfreien Betrag (§ 27), ferner fortlaufend in Reichsmark den gezahlten Arbeitslohn ohne jeden Abzug unter Angabe des Zahltags und des Lohnzahlungszeitraums, und zwar getrennt nach laufenden und nach sonstigen Bezügen (§ 35), Aufwendungsentschädigungen (§ 4), Barlohn, Sachbezügen und einbehaltener Lohnsteuer. Die Aufzeichnungen sind bis zum Ablauf des dritten auf die Lohnzahlung folgenden Kalenderjahres aufzubewahren. Diese Vorschrift gilt nicht, wenn der Arbeitslohn nicht mehr als 78 *RM* monatlich (18 *RM* wöchentlich, 3 *RM* täglich, 1,50 *RM* vierstündlich) beträgt, es sei denn, daß trotz geringeren Arbeitslohns Lohnsteuer einzubehalten ist (§§ 35 bis 37).

§ 41

(1) Der Arbeitgeber hat vorbehaltlich der Vorschrift des § 42 die einbehaltene Lohnsteuer für Lohnzahlungen in der Zeit vom 1. bis zum 15. eines Kalendermonats bis zum 20. dieses Kalendermonats, für Lohnzahlungen in der Zeit vom 16. bis zum Schluß eines Kalendermonats bis zum 5. des folgenden Kalendermonats an die Kasse des Finanzamts der Betriebstätte oder an eine vom Präsiden-

ten des Landesfinanzamts bestimmte Kasse bar oder durch Überweisung auf das Postscheck- oder Bankkonto der Kasse in einer Summe und ohne Bezeichnung der einzelnen Arbeitnehmer abzuführen. An Kassenhilfsstellen darf die einbehaltene Lohnsteuer nicht abgeführt werden. Die abgeführten Beträge sind ausdrücklich als Lohnsteuer zu bezeichnen. Ferner ist anzugeben, auf welchen Zeitraum sie entfallen.

(2) Die in der ersten Hälfte eines Kalendermonats einbehaltene Lohnsteuer braucht bis zum 20. dieses Kalendermonats nicht abgeführt zu werden, wenn sie für die sämtlichen Arbeitnehmer der Betriebsstätte insgesamt nicht mehr als 200 RM beträgt. Sie ist alsdann zusammen mit der in der zweiten Hälfte des Kalendermonats einbehaltenen Lohnsteuer bis zum 5. des folgenden Kalendermonats abzuführen.

§ 42

Arbeitgeber, die zu Beginn eines Kalenderjahrs oder bei Eröffnung des Betriebs nicht mehr als fünf Arbeitnehmer beschäftigen, brauchen in diesem Kalenderjahr abweichend von der Vorschrift des § 41 die einbehaltene Lohnsteuer erst dann abzuführen, wenn sie für die gesamten Arbeitnehmer der Betriebsstätte den Betrag von 50 RM übersteigt. Die in einem Kalendervierteljahr einbehaltene Lohnsteuer ist jedoch ohne Rücksicht auf ihre Höhe spätestens bis zum 5. des auf den Ablauf des Kalendervierteljahrs folgenden Kalendermonats abzuführen. Das Finanzamt kann im einzelnen Fall bestimmen, daß die Lohnsteuer nach § 41 abzuführen ist.

§ 43

Betriebsstätte im Sinn der §§ 41, 42 ist der Betrieb oder Teil des Betriebs des Arbeitgebers, in dem die Berechnung des Arbeitslohns und der Lohnsteuer vorgenommen wird und die Steuerkarten der Arbeitnehmer aufbewahrt werden. Als Betriebsstätte gilt auch der Heimathafen deutscher Handelsschiffe, wenn die Reederei im Inland keine Niederlassung hat.

§ 44

(1) Der Arbeitgeber hat unabhängig davon, ob die einbehaltene Lohnsteuer an die Kasse des Finanzamts abgeführt worden ist,

a) im Fall des § 41 nach Ablauf eines jeden Kalendermonats, spätestens bis zum 5. des folgenden Kalendermonats,

b) im Fall des § 42 nach Ablauf eines jeden Kalendervierteljahrs, spätestens bis zum 5. des auf den Ablauf folgenden Kalendermonats,

der Kasse des Finanzamts der Betriebsstätte eine Lohnsteueranmeldung nach dem Muster in Anlage 3 zu übersenden. Die Lohnsteueranmeldung ist von dem Arbeitgeber oder einer Person, die zur Vertretung der Firma rechtlich befugt ist, zu unterschreiben. Sie kann auf den Postabschnitt gesetzt werden. Vordrucke zu Anmeldungen werden den Arbeitgebern auf Antrag vom Finanzamt kostenlos geliefert.

(2) Die Lohnsteueranmeldung muß auch dann abgegeben werden, wenn der Arbeitgeber in dem Anmeldungszeitraum Lohnsteuer nicht einzubehalten braucht. In diesem Fall hat er in der Lohnsteueranmeldung zu bescheinigen, daß er im Anmeldungszeitraum keine Lohnsteuer einzubehalten hatte. Von der Verpflichtung zur Abgabe weiterer Lohnsteueranmeldungen wird der Arbeitgeber frei, wenn er lohnsteuerpflichtige Arbeitnehmer nicht mehr beschäftigt und dies der Kasse des Finanzamts der Betriebsstätte mitteilt.

(3) Das Finanzamt hat den ordnungsmäßigen Eingang der Zahlungen und Anmeldungen zu überwachen.

§ 45

Bleiben die fälligen Zahlungen eines Arbeitnehmers aus oder erscheinen die geleisteten Zahlungen auffallend gering und hat auch eine besondere Erinnerung keinen Erfolg, so hat das Finanzamt den säumigen Betrieb nach §§ 50 ff. außer der Reihe zu prüfen und gegebenenfalls die Abführung der einbehaltenen Lohnsteuer nach §§ 325 ff. der Reichsabgabenordnung zu erzwingen.

§ 46

(1) Der Arbeitgeber haftet dem Reich für die Einbehaltung und Abführung der vom Arbeitslohn einzubehaltenden Lohnsteuer neben dem Arbeitnehmer. Übereignet der Arbeitgeber seinen Betrieb, so haftet der Erwerber neben ihm für die Lohnsteuer, die seit dem Beginn des letzten vor der Übereignung liegenden Kalenderjahrs an das Finanzamt abzuführen war.

(2) Die Haftung des Arbeitnehmers beschränkt sich auf die Fälle, in denen

1. der Arbeitslohn nicht vorschriftsmäßig gekürzt worden ist,
2. der Arbeitnehmer, der ihm nach § 22 Absatz 2, § 23 Absatz 2 obliegenden Verpflichtung, die Berichtigung der Steuerkarte zu beantragen, nicht rechtzeitig nachgekommen ist,
3. der Arbeitgeber die einbehaltene Lohnsteuer nicht vorschriftsmäßig verwendet hat und dem Arbeitnehmer dies bekannt ist. In diesem Fall erlischt seine Haftung, wenn der Arbeitnehmer dies dem Finanzamt unverzüglich mitteilt.

(3) Gegen die nach den Absätzen 1 und 2 haftenden Personen ist ein schriftlicher Haftungsbescheid zu erlassen. Dieser muß außer der Höhe der nachgeforderten Lohnsteuer enthalten:

1. eine Belehrung darüber, daß der Einspruch binnen eines Monats zulässig ist, und daß der Einspruch bei dem Finanzamt einzulegen ist, das den Haftungsbescheid erlassen hat,
2. die Grundlagen für die Festsetzung der Lohnsteuer, soweit sie dem Steuerpflichtigen noch nicht mitgeteilt sind,
3. eine Anweisung, wo und wann die Steuer zu entrichten ist (Leistungsangebot).

(4) Eines Haftungsbescheids (Leistungsgebots) bedarf es nicht, wenn der nach Absätzen 1 und 2 zur Zahlung Verpflichtete vor dem Finanzamt oder dem mit der Nachprüfung des Steuerabzugs Beauftragten des Finanzamts seine Verpflichtung zur Zahlung der Lohnsteuer schriftlich

anerkannt oder der Arbeitgeber über die von ihm einbehaltene Lohnsteuer eine Lohnsteueranmeldung (§ 44) abgegeben hat. Dem Erwerber eines Betriebs ist ein Haftungsbescheid auch dann zu erteilen, wenn die Lohnsteueranmeldung vorliegt.

f) Steuersäumnisgesetz

vom 24. Dezember 1934 (Reichsgesetzbl. I S. 1271).

Die Reichsregierung hat das folgende Gesetz beschlossen, das hierdurch verkündet wird:

Abschnitt I: Säumniszuschlag

§ 1. (1) Wird eine Steuerzahlung (§ 2), die nach dem 31. Dezember 1934 fällig wird, nicht rechtzeitig entrichtet, so ist mit dem Ablauf des Fälligkeitstags ein einmaliger Zuschlag (Säumniszuschlag) verwirkt.

(2) Wird eine Steuerzahlung (§ 2), die vor dem 1. Januar 1935 fällig geworden ist oder fällig wird, nicht bis zum Ablauf des 31. Januar 1935 entrichtet, so ist mit dem Ablauf des 31. Januar 1935 ein einmaliger Zuschlag (Säumniszuschlag) verwirkt.

§ 2. (1) Der Säumniszuschlag findet Anwendung auf Zahlungen, die als Steuern des Reichs, der Länder, der Gemeinden und der Gemeindeverbände dem Steuergläubiger geschuldet werden. Ausgenommen sind Zahlungen, die als Reichsfluchtsteuer geschuldet werden.

(2) Auf andere Zahlungen, insbesondere auf die im § 168 Absatz 2 der Reichsabgabenordnung bezeichneten Zuschläge, auf Zinsen, Verzugzuschläge, Säumniszuschläge, Geldstrafen und Kosten, findet der Säumniszuschlag keine Anwendung.

§ 3. (1) Der Säumniszuschlag beträgt zwei vom Hundert des rückständigen Steuerbetrags.

(2) Für die Berechnung des Säumniszuschlags wird der rückständige Steuerbetrag auf volle zehn Reichsmark nach unten abgerundet. Dabei werden mehrere Steuerbeträge nur dann zusammengerechnet, wenn sie dieselbe Steuerart betreffen und an demselben Tag fällig geworden sind.

§ 4. Als Tag, an dem eine Zahlung entrichtet worden ist, gilt:

1. bei Übergabe oder Übersendung von Zahlungsmitteln an eine Steuerbehörde:
   der Tag des Eingangs;
2. bei Überweisung auf das Postscheckkonto einer Steuerbehörde und bei Einzahlung durch Postscheck:
   der Tag, der sich aus dem Tagesstempelabdruck des Postscheckamts ergibt;
3. bei Überweisung auf das Reichsbankgirokonto einer Steuerbehörde:
   der Tag, der sich aus dem Tagesstempelabdruck der Reichsbankanstalt ergibt;
4. bei einer sonstigen Überweisung:
   der Tag, an dem der Betrag der Steuerbehörde gutgeschrieben wird;
5. bei einer durch Zahlkarte oder Postanweisung bewirkten Einzahlung an eine Steuerbehörde:
   der Tag, der sich aus dem Tagesstempelabdruck der Aufgabepostanstalt ergibt;
6. bei Einzahlung aus dem Ausland:
   der Tag, an dem der eingezahlte Betrag bei der Steuerbehörde eingeht oder ihr gutgeschrieben wird.

§ 5. Ist der Steuerbetrag, zu dem der Säumniszuschlag verwirkt ist, in der Zwangsvollstreckung oder im Konkursverfahren bevorrechtigt, so erstreckt sich das Vorrecht auf den Säumniszuschlag.

§ 6. Gegen die Anforderung des Säumniszuschlags steht nur die Beschwerde offen.

§ 7. (1) Der Reichsminister der Finanzen kann im Verwaltungsweg zulassen, daß unter gewissen Voraussetzungen von der Erhebung des Säumniszuschlags abgesehen wird.

(2) Solange und soweit der Reichsminister der Finanzen von dieser Ermächtigung keinen Gebrauch macht, können die Landesregierungen Verwaltungsanordnungen der im Absatz 1 bezeichneten Art für diejenigen Steuern treffen, die von Behörden der Länder, der Gemeinden oder der Gemeindeverbände zu erheben sind.

§ 8. Der § 6 des Reichsfluchtsteuergesetzes bleibt unberührt.

Abschnitt II: Steuerzinsen

§ 9. (1) Verzugzinsen werden für die Zeit ab 1. Januar 1935 weder bei Reichssteuern noch bei Steuern der Länder, Gemeinden und Gemeindeverbände erhoben.

(2) Verzugzuschläge und Verzugzinsen, die auf die Zeit vor dem 1. Januar 1934 entfallen, werden bei Reichssteuern und bei Steuern der Länder, Gemeinden und Gemeindeverbände nicht mehr erhoben. Dies gilt nicht für Verzugzuschläge, die auf Grund des § 6 des Reichsfluchtsteuergesetzes geschuldet werden. Auf Grund des Satzes 1 findet eine Erstattung von Verzugzuschlägen und Verzugzinsen nicht statt.

§ 10. (1) Stundungzinsen werden bei Einkommensteuer, Bürgersteuer, Körperschaftsteuer, Vermögensteuer, Umsatzsteuer, Grundsteuer, Gewerbesteuer und Hauszinssteuer (Geldentwertungsausgleich bei bebauten Grundstücken) für die Zeit ab 1. Januar 1935 nicht erhoben.

(2) Bei anderen Steuern des Reichs, der Länder, der Gemeinden und der Gemeindeverbände werden, sofern nicht die Steuerbehörde im einzelnen Fall zinslose Stundung bewilligt, Stundungzinsen erhoben. Ihre Höhe bestimmt die Steuerbehörde unter Berücksichtigung der jeweiligen Lage des einzelnen Falls.

§ 11. Aufschubzinsen werden für die Zeit ab 1. Januar 1935 nicht erhoben.

§ 12. Das Reich, die Länder, die Gemeinden und die Gemeindeverbände zahlen für die Zeit ab 1. Januar 1935 keine Steuerzinsen (weder bei Erstattung oder Vergütung noch bei Hinterlegung baren Geldes).

Berlin, 24. Dezember 1934

Der Führer und Reichskanzler
Adolf Hitler

Der Reichsminister der Finanzen
Graf Schwerin von Krosigk

g) Bayer. Gemeindeabgabengesetz

vom 8. April 1935 (GVBl. S. 349).

Art. 15

I Die Gemeindeumlagen werden mit den Landessteuern, zu denen sie erhoben werden, fällig. Den Zeitpunkt der Entrichtung der Umlagen und der Vorauszahlungen auf die Umlagenschuldigkeit bestimmt vorbehaltlich des Abs. III die Gemeinde.

II Einwendungen gegen Entstehung oder Höhe der Umlagenforderung sind durch Antrag auf verwaltungsgerichtliche Entscheidung zu erheben. Der Antrag hat keine aufschiebende Wirkung. Der Antrag ist bei der Gemeinde oder ihrer Aufsichtsbehörde binnen einem Monat nach Ablauf des Tages zu stellen, an dem die Umlagenforderung ihrem Betrag nach mündlich gegen Nachweis oder schriftlich bekannt gegeben worden ist; erfolgt die Bekanntgabe durch einfachen Brief, so gilt sie mit dem dritten Tage nach der Aufgabe zur Post als bewirkt, es sei denn, daß der Umlagenpflichtige oder wer sonst auf dem Brief als Empfänger bezeichnet ist, darlegt, daß ihm der Brief nicht innerhalb dieser Frist zugegangen ist. War der Umlagenpflichtige ohne sein Verschulden — das Verschulden eines gesetzlichen Vertreters oder eines Bevollmächtigten steht dem eigenen Verschulden gleich — verhindert, die Antragsfrist einzuhalten, so kann er den Antrag binnen zwei Wochen nach dem Wegfall des Hindernisses nachholen; er hat hierbei die Tatsachen, welche die Zulässigkeit der Nachholung begründen sollen, anzuführen und glaubhaft zu machen. Die Nachholung ist ausgeschlossen, wenn seit dem Ende der versäumten Frist 3 Monate verstrichen sind.

III Die auf die Umlagenschuldigkeit zu leistenden Vorauszahlungen sowie die bei oder nach Abgabe der Steuererklärung zu leistenden Einzahlungen werden durch Bekanntmachung der Staatsministerien des Innern und der Finanzen geregelt.

Art. 16

I Die Gemeindeumlagen sind von den Pflichtigen an die gemeindlichen Kassenverwalter abzuliefern.

II Säumige Umlagenschuldner sind vom gemeindlichen Kassenverwalter zu mahnen. Die Mahnung kann auch durch öffentliches Ausschreiben erfolgen.

III Bleibt die Mahnung erfolglos, so ist vom gemeindlichen Kassenverwalter ein Ausstandsverzeichnis anzufertigen.

IV Die Vollstreckung ist von der Gemeinde nach Maßgabe der Art. 6 und 7 des Ausführungsgesetzes zur Zivilprozeßordnung und Konkursordnung vom 23. Februar 1879 zu bewirken.

V Die für die Mahnung und Beitreibung zu erhebenden Gebühren werden durch Bekanntmachung der Staatsministerien des Innern und der Finanzen geregelt.

h) Verordnung zur Durchführung des Bürgersteuergesetzes

vom 17. Oktober 1934 (RGBl. I S. 987).

§ 5

Einzelne Steuerbefreiungen

(4) Bei Anwendung der allgemeinen Freigrenze . . . . kann in Fällen, in denen die in den Richtsätzen der allgemeinen Fürsorge enthaltenen Kinderzuschläge in einem Fürsorgeverband nach dem Alter und der Zahl der Kinder abgestuft sind, für jedes Kind des Steuerpflichtigen, das er unterhält (ohne Rücksicht auf dessen Alter und die Gesamtzahl der Kinder), der höchste Kinderzuschlag zugrunde gelegt werden. Beträgt z. B. der Zuschlag für Kinder unter 6 Jahren 11 Reichsmark und über 6 Jahre 13 Reichsmark monatlich, so kann der Betrag von 13 Reichsmark zugrunde gelegt werden. Für Minderjährige, die selbständig zur Bürgersteuer herangezogen werden, ist nicht ein Kinderzuschlag, sondern der Richtsatz für alleinstehende Personen anzusetzen. Umfaßt der Richtsatz der allgemeinen Fürsorge in einem Fürsorgeverband nicht den gesamten Lebensbedarf (Nahrung, Kleidung und Unterkunft), sondern nur einen Teil

(z. B. nur Nahrung und Kleidung), so ist für die Berechnung der Freigrenze von einem entsprechend höheren, den gesamten Lebensbedarf umfassenden Betrag auszugehen. Der Fürsorgeverband bestimmt diesen Betrag; der in dem Richtsatz nicht enthaltene Teil des gesamten Lebensbedarfs ist zu schätzen. Ergibt sich bei der Berechnung der Freigrenze nach den Richtsätzen der allgemeinen Fürsorge ein Betrag von weniger als 325 Reichsmark, so beträgt die Freigrenze 325 Reichsmark.

§ 7

Vermögensbesitz: Stichtag für die Einheitswerte

(1) Für die Frage, ob die Anwendung der Freigrenze . . . . ausgeschlossen ist, sind die Einheitswerte maßgebend, die auf den dem Stichtag vorangegangenen Feststellungszeitpunkt festgestellt sind.

(2) Für die Bürgersteuer 1935 wird der Anteil eines Gesellschafters am Vermögen einer inländischen offenen Handelsgesellschaft, Kommanditgesellschaft oder anderen Gesellschaft, bei der er als Unternehmer (Mitunternehmer) anzusehen ist, ihm als Betriebsvermögen zugerechnet.

§ 8

Begriff des Einkommens für die Bürgersteuer: Allgemeine Freigrenze

(1) Für die Ermittlung der allgemeinen Freigrenze . . . . gilt das folgende:

1. Als Gesamtbetrag der Einkünfte gilt der Betrag, den der Steuerpflichtige voraussichtlich im Erhebungsjahr insgesamt aus den im § 2 Absatz 3 des Einkommensteuergesetzes vom 16. Oktober 1934 bezeichneten Einkunftsarten nach Ausgleich mit Verlusten erzielen wird;
3. Hinsichtlich des Arbeitslohns ist von dem Lohn auszugehen, der bei der nächsten auf den Fälligkeitstag folgenden Lohnzahlung zu zahlen ist;
4. Hinsichtlich der Einkünfte, die nicht in Arbeitslohn

bestehen, sind die voraussichtlichen Einkünfte des Kalenderjahres, für das die Bürgersteuer erhoben wird, im Weg der Schätzung zu ermitteln; hierbei kann von den festgestellten oder schätzungsweise ermittelten Einkünften des vergangenen Kalenderjahrs ausgegangen werden;

5. Bei Personen, die im Haushalt oder Betrieb eines anderen (z. B. der Eltern) eine Arbeitskraft ersetzen, ist, wenn ein Dienstvertrag nicht besteht, der halbe Wert der gewährten freien Unterkunft und Beköstigung, Kleidung und sonstigen Vorteile (z. B. Taschengeld) zu den Einkünften zu rechnen, wobei für die Sachbezüge die für den Steuerabzug vom Arbeitslohn maßgebenden Wertfestsetzungen gelten;
6. Außer den in Ziffer 5 bezeichneten Bezügen sind bei Minderjährigen nur die Einkünfte anzusetzen, die nicht nach den Vorschriften des Einkommensteuergesetzes mit den Einkünften des Haushaltsvorstands zusammengerechnet werden;
7. ..... Als Einkünfte aus nichtselbständiger Arbeit (Arbeitslohn) und als Einkünfte aus Kapitalvermögen sowie als wiederkehrende Bezüge, soweit sie nicht zu anderen Einkunftsarten im Sinn des Einkommensteuergesetzes gehören, sind die Einnahmen ohne Abzug von Werbungskosten anzusetzen;
8. Die Einkünfte von Ehegatten, die nicht dauernd getrennt leben, sind in jedem Fall zusammenzurechnen.

Stichwörterverzeichnis.

Abkürzungen: A. = Artikel des KirchStG.; § = § der Vollzugsbekanntmachung; R. = Religionsgesellsch. Steuergesetz; E. = Einführung.

L.

M.

N.

FSC
www.fsc.org
MIX
Papier | Fördert
gute Waldnutzung
FSC® C083411

Kolibri 360 GmbH
Ferdinand-Jühlke-Straße 7
99095 Erfurt, Deutschland
produktsicherheit@kolibri360.de